Marjana Bulku

Një Jetë
Disa Histori

intervista, profile, esse

New York

Një Jetë Disa Histori

ISBN: 979-8-9901711-0-7

Redaktor,
Faqosja,
Kopertina:
Denis Bulku

Fotografia: © Albanian Culture TV

New York

PËRMBAJTJA

INTERVISTA

PROFILE

REFLEKSIONE

Një jetë me dinjitet i ndriçon historitë personale
duke i shndërruar ato në universale

PARATHËNIE

Shqiptarët e Amerikës janë një galeri e pasur kulturore, historike, akademike, politike, etj.

Po a ekziston ndokund një "muzeum" dedikuar një pasurie të tillë?!

Vështirë ta gjesh, në memorien tonë, në atdheun amë apo në Amerikën e largët dhe kaq të paanë gjeografikisht?

Unë vendosa ta ndërtoj këtë muzeum në këto faqe libri përmes përshkrimeve dhe analizave të mia, intervistave dhe konkluzioneve përtej pyetjeve pasi në fare pak vite të jetës time në New York, SHBA pata fatin të njoh disa prej tyre, falë komunikimeve të drejtpërdrejta ku njoha historitë, preka veprimtaritë, ndjeva përpjekjet e pandalshme që shqiptarët punëtorë e fisnikë të Amerikës bëjnë për të mbajtur gjallë lidhjet me vendin amë: Shqipërinë, Kosovën, Maqedoninë, Malin e Zi.

Jeta e çdo njërit prej tyre mbart kaq shumë histori shumë prej të cilave nuk duhen harruar, ka nga ato që janë frymëzuese dhe burim krenarie, prandaj dhe vendosa ti përjetësoj përmes faqeve të një libri.

I

Përtej emrave ekziston një galeri të pasur vlerash dhe kontributesh, projektesh ambicioze, botime e shkrime, takime e ngjarje, të cilat lejnë gjurmë jo vetëm pse ndodhin në kontinentin e demokracisë ku hedh sytë dhe ëndrrat shpresa e tërë botës por sepse sejcila prej historive mbart kaq shumë sakrifica dhe përpjekje e madje edhe sukses, ky i fundit nuk është synimi im i vetëm, pasi nuk kam dashur që "Një jetë… disa histori" të jetë një kërkim drejt suksesit të tjetrit, por një pasqyrim i dinjitetit njerëzor që e takon suksesin mundimshëm e mes vyrtytesh të larta që ia shumfishojnë madhështinë suksesit.

Si lindi "Një jetë...disa histori"

Kur largohesh nga vendlindja e për më tepër në një moshë relativisht të mesme, pesha e dilemave është më e madhe se ajo e qëllimeve. madje ndodh që përplasja midis këtyre dy forcave të shoqërojë veprimet dhe jo veprimet njerëzore. Në këtë dyluftim të brëndshëm që për mua nisi në korrik të vitit 2011 ndodh që të fitojnë të dyja; pra edhe dilema, edhe qëllimi. Miqtë e mi të dashur e quanin normale bashkëjetesën me dilemat por vjen një moment kur qëllimi shndërrohet në utilitarizëm dhe si pa e kuptuar ai bëhet faktik, real, prezent në veprimet e përditëshme. Kjo ndodhi, kishte nisur të ndodhte por prezenca e disa njerëzve në jetë e bën të dukshëm atë.

Po në korrik të dy viteve më vonë duke dëgjuar rrëfimin e Lumi Hadri Devine në studion e Albanian Culture TV se si kushtet luftënxitëse e detyruan atë të largohet nga Kosova e brishtë duke lënë pas karrierën si profesore, varrin e babait, enigmat e vrasjes së tij, ëndrrat për një Kosovë të pavarur, etj, vendoset në Amerikën e pacak, fillimisht në punë të rëndomta ku dukej se vetëm qëllimet mund të mbijetonin e ku pesha e atdheut rëndonte e dhimbte fort, fort. Nga ai udhëtim/rrëfim plot retrospektiva e emocion, sinqeritet dhe vendosmëri, ambicje dhe vendime të drejtpeshuara tek unë nisi proçesi i kristalizimit të qëllimeve të cilat i shndërruan dilemat e mia në akte të bukura që mbartnin me vete tërësinë a gjërave që unë

III

i kisha bërë, dija ti bëja dhe tashmë mund t'ju jepja një formë të re. Unë jam filologe që në gjithë karrierën time profesionale letërsinë dhe njeriun (si autor dhe si personazh) i kam parë bashkë. Dhe letërsia nuk është gjë tjetër veçse një rrethanë e brendshme që lind, bashkëvepron dhe artikulon gjëndjen psikologjike e rrethanore përtej nesh, pra është një marrdhënie brenda së cilës takon individë të ndryshëm por me përjetime e fate të përbashkëta. Kjo indicie profesionale nxiti tek unë një raport të ri me veten por edhe me ata që pesha e fatit më dha mundësinë që ti takoj.

Ky ishte terreni që nxiti "Një jetë...disa histori" një cikël rrëfimesh që dua ta ndaj në dy pjesë; i pari i zhvilluar në studion e Albanian Culture TV në New York, falë bujarisë dhe largpamësisë së çiftit drejtues të këtij televizioni (Mimoza dhe Adem Belliu) me materiale herë spontane e herë të studjuara, herë të improvizuara aty për aty e herë burim rrëfimesh plot vlerë dhe frymëzim. Ndësa cikli i dytë është ky material me shkrim në format shtatë pikësh për çdo personazh që unë jam munduar ta përzgjedh me shumë kujdes me në qendër kryesisht shqiptaro-amerikanë që kanë ndikuar përmes historive të tyre në historinë tonë të përbashkët kombëtare edhe pse në Amerikën e madhe ku bashkëjetojnë të gjitha vlerat, kontributet dhe dashuritë për trojet, traditat dhe të vërtetat tona.

Si një mozaik shumë ngjyrësh ky cikël rrëfimesh zbërthen përmes setit analitik prej shtatë pyetjesh disa dimensione mbi jetët, profesionet, arritjet, sukseset, përpjekjet, zërat e disa prej individualiteteve shqiptaro-amerikane.
Lexim të këndshëm!

Marjana Bulku

ASTRIT RAMA
Të lindësh në kohën e gabuar: Dibrani që e deshi aq shumë
Perëndimin

Astriti ishte i pari i ri që në kujtesën e gjithkujt që e njohu
u bë simbol i përplasjes apsurde mes kohës së errët komuniste
dhe lirive të perëndimit. Një përplasje që ishte e paqëllimshme
dhe ndodhi çuditshëm duke nxjerrë në pah se sa e padrejtë
ishte ajo kohë të cilës iu nënshtruam 50 vjet, nuk e dënuam
kurrë madje rrezikojmë tia rikthejmë historisë përsëri si një
version i ri i triumfit të së keqes dhe nënshtrimit ndaj saj.

Astrit Rama nuk është shqiptaro-amerikan, por një
dibrano-shqiptar që rrezatoi elementet e para të civilizimit
perëndimor në Dibrën e izolacionit shqiptar.

Në Vendin ku Qytetin e Sheh nga Lart...

Begjuneci...

Është ndër vendbanimet e pakta në Dibër ku Peshkopia
shihet si në pëllëmbë të dorës, me Drinin që gjarpëron dhe ikën
dredhërueshëm tej luginave veriore, më poshtë shtrihen lagjet
Bulke, Dobrovë, Kamen, Pazar i vjetër, të cilat përshkallëzohen
drejt qendrës së qytetit ku bulevardi i blinjtë memorizon njerëz,
hapa, histori. Aty kaloi vitet e para të fëmijërisë Astrit Rama,
intelektuali jeta e të cilit i ngjan një libri të pashkruar, mbushur

me histori të parrëfyera të cilat shtegtojnë midis Peshkopisë dhe Parisit, Spaçit dhe Kutallisë (Berat), telave me gjemba ku ndaheshin dy Dibrat shqiptare, burgu 17 ditor në Shkup, kampi i të burgosurve në Beograd, rikthimi në Paris…

HISTORITË QË NDRYSHOJNË JETË

Qytetarët e Peshkopisë e njohin dhe nuk e njohin Astritin, pasi përmasat e intelektualëve të formuar në perëndim është shumë e vështirë të kuptohen nga katër lagje qyteti ku katër orë programi televiziv nuk munden të ushqejnë dot me dije e liri e aq më pak me shpresa qindra e mijëra jetë. Por fati i intelektualëve që lindin në kohën e gabuar, nuk do thoja kurrë në vendin e gabuar sepse ai vend plot bukuri është si kurorë mbi qytet, është apsurd ka raste që është edhe tragjik. Fati i qyteteve shqiptare ku mungesa e intelektualëve vjen edhe nga sulmi i padrejtë që u bëhet atyre prej mendjesh lilipute është akoma edhe më tragjik. Astriti, fëmija që ecte në këmbë mbi rreth një orë për të ndjekur mësimet në shkollën "Demir Gashi" shkëlqente në mësime edhe pse me humor na rrëfen se nëna e angazhonte shpesh edhe me punët e familjes si më i madhi fëmijë që ishte.

E kaluara e tij ka aq shumë për të treguar…Ai ka folur shumë pak për vete dhe në këtë ditë janari 2019 jemi unë, Iliri dhe Milva (bashkëshortja e tij) që ia trazuam kujtesën e tij të fortë dhe të freskët me data të sakta, emra, detaje të cilat ai nis e i tregon shpesh herë me emocione ku lexohet dhimbje, plagë, trazuar nga një lloj furtune e brendëshme 25-vjeçare brenda gjashtëdhjetë e ca viteve jetë ku vitet 70-të do ndryshojnë rrjedhën e jetës së tij, për mirë apo për keq nuk dij ta them por me shumë siguri pohoj se vite si ato plot dallgë dhe stuhi që çuditërisht njeriu ia shkakton njeriut në shtetin e vet që ka aq pak përgjegjësi, kujdes dhe dashuri për shtetasit e vet, skalitën të riun antikonformist, që nuk pajtohej dot me të keqen pasi preku magjinë e lirisë edhe pse përkohësisht. Ishte një moment kur në kuadrin e marrdhënieve kulturore Francë-Shqipëri, disa nga studentët më të mirë të gjuhëve të huaja të Fakultetit Histori-Filologji Tiranë do të studjonin në Paris në Universitetin e Sorbonës, sipas një kontrate 5-vjeçare që rinovohej çdo vit mbi bazë të rezultateve. Dhe kështu nis kthesa e fortë në jetën e një të riu shqiptar, dibran, drejt Parisit, Nices, Korsikës të cilat nga shfletimet nëpër botimet e kohës në perceptimin real ishin larg, shuumë larg…-shprehet Astriti ndërsa ndalon gjatë teksa përshkruan atë 27 dhjetor të dëbortë të vitit 1970 në Parisin e paimagjinueshëm.

LIRIA E PALIRË

Për studentët e letërsisë dhe të historisë së saj liria është thelbi i krijimit, i jep jetë leximit dhe e bën kreative reflektimin mbi veprën letrare dhe vetë jetën në përgjithësi…pikërisht këtë mendoja teksa Astriti rrëfente mbi kalvarin e marrdhënieve që ambasada shqiptare në Francë ndërtonte me shtetasit e saj, i ftonte të lexonin me detyrim gazetat shqiptare për çdo javë, i detyronte të prisnin udhëheqësit e Byrosë Politike të Shqipërisë së varfër që shkonin dhe bënin pushime në Paris. Dhe qeshem e si të mos qeshesh kur Astriti rendiste dhjetra arsye që sajonte për tju larguar atij detyrim leximi gazetash ku uniteti parti-popull ishte kryefjala, arritja, suksesi progresi. Është e kuptueshme për mua një i ri që shijon *"Doktor Zhivagon"* dhe lundron nëpër kryeveprat franceze me histori e ndjenjë të Floberit, do ia kursente vetes kohën e humbur ku liria kushtëzohet, i vihet lak.

Kthimi në Atdhe

Si është vallë kthimi në Shqipërinë e izoluar pasi ke studjuar, jetuar, mbase edhe ëndërruar nën të tjera horizonte, ke provuar shijen e lirisë kur në vendin tonë as nuk ia dije kuptimin?!

Dy bashkëatdhetarët e tij do të vazhdonin karrierën diplomatike, ndërsa fati i dibranit kalon nëpër të tjera shtigje, udhë, kryqëzime. Rrëfimi i Astritit i tejkalon detajet e Konicës, Migjenit. Studenti i sapo kthyer nga Franca në bulevardin e Peshkopisë binte në sy, tërhiqte vëmendjen prej lëkurës së bardhë, ndryshe, që sfidonte edhe bukuritë klasike të asaj xhiroje tradicionale nën blinj atë korrik të vitit 1975.

E megjithatë kthimi në atdhe ka peshën e mallit për familjarët e dashur, ëndrrat dhe premisat për jetën e re e cila nis të japë goditjet e para.

I refuzohet e drejta për të punuar petagog.

Emrohet mësues në një shkollë 8-vjeçare qyteti. Çudi deri në apsurd ku heshtja e gjatë është reagim dhe qëndrim. Astriti një copëz herë pa folur dhe unë duke imagjinuar se ky emrim është shuplaka e parë, e lehtë, e vockël, paralajmëruese e një stuhije të fortë që do ta priste në Peshkopinë e ftohtë.

Dosja 790-Faqëshe

Për një të shkolluar në perëndim emërimi si mësues 8-vjeçareje përbën dhjetra arsye për tu ndjerë i zhgënjyer ndërkohë kur bota akademike, gazetaria e Tiranës do të kishin shumë nevojë për një të ri si ai, shkolluar në perëndim, me dije të thella dhe të çertifikuara por Astriti nuk u ndje i tillë, përkundrazi: do t'ju mësonte nxënësve dibranë frengjishten, historiza të atij vendi nga burojnë artet që ushqejnë botën me bukuri. Ai thotë se mbante edhe një magnetofon të vogël për t'jua bërë më efiçente nxënien dhe ndofta ishte mësuesi më

VIII

i admirueshëm për ata fatlumë, por këto "metoda borgjezo revizioniste që binin ndesh me vijën tradicionale të edukimit" do të shndërroheshin në akuza për të.

Insistoj ti marr diçka të bukur nga puna e shkurtër si mësues dhe ai kujton me shumë emocion një moment kur njërës prej nxënseve më të mira të klasës i refuzohet e drejta për të marrë pjesë në mbrëmjen qëndrore të vitit të ri e cila organizohej për nxënësit më të mirë. Arsyeja ishte biografia, një fëmijë me biografi familjare jo të mirë i mohoheshin shumë të drejta asaj kohe, sa shumë si Milva i kishin provuar ata lot që shkaktonte padrejtësia që e vret aq shumë një fëmijë që botën e sheh pafajësisht. I afrohem Milvës dhe me zë të ulur i them:

"Mos u mërzit se do ndrrojë kjo punë!"

"Lotët e saj m'u duk se u shndërruan në ylber shprese nën dritën e fjalëve të mia." (Milva Nasufit i referohet shkrimi im me titull "*Stilistja e qytetit të heshtur*")

"Unë e ndjeja që isha i kontrolluar," shprehet ai, "edhe kur drejtuesi i shkollës më tha të mos sillja magnetofon në shkollë, edhe kur shikimet e të tjereve nuk u ndaheshin hapave të mia ndërsa fjalët, mendimet e mia rralloheshin, e kuptoja që po sajohej dhe shkruhej për mua, por kurrë nuk e kisha menduar se unë paskësha qenë "spiun i francezëve", siç do më akuzonin".

Në 11 qeshor të vitit 1976 Astrit Rama arrestohet në mjediset e shkollës ku punonte me akuzën: agjent i qeverisë francize, vetëm tre ditë para se të mbyllej viti shkollor (14 qershor 1976). Dosja e tij prej 790-faqesh të cilën ai e ka shfletuar, përmban pseudonime përtej të cilave janë njerëz realë që u ngjajnë aq shumë personazheve kafkjane, me trup dhe gjymtyrë por pa tru dhe shpirt.

IX

RRËFIMET E BIRUCËS

Birruca ishte e errët, e ftohtë jo vetëm prej apsurd akuzës që thurej aty por edhe prej njerëzve që hynin, dilnin, pëshpërisnin, shpifnin, intimidonin…

Birruca nisi me hetuesinë e gjatë disa mujore mes shpifjeve dhe intrigave, pyetjeve të pakuptimta dhe më pas burgu 313-tës i Tiranës për tu transferuar diku në Spaç. Tetë vite burg në Spaçin e punëve të detyruar, ku 52 vetë flinin në një dhomë me përmasa 7 me 8, mbi dysheke prej kashte e nën dritaret pa xhama. Imagjinata ime e ka të vështirë ta pranojë një realitet të tillë teksa e dëgjoj ta përshkruajë sikur e ka parasysh çdo çast të jetuar atje, duke shtyrë vagonat e rëndë udhës që nuk mbaron. Astriti rrëfen atë për të cilën askush nuk ka shkruar ende dhe unë dyshoj në bëra mirë apo keq që ia riktheva ato vite ku jeta përplaset fort pothuajse e pajetë dhe asgje nuk dihet se çfarë mundet të mbetet gjallë paskëtaj. Nuk guxoj ta pyes: si mund të ndjehej, çfarë bënte një si ai me frëngjishten mondane atyre qelive të errëta, kisha lexuar Visar Zhitin, kisha parë pikturat e Lekë Përvizit…Mbase Astriti e lexoi të palexueshmen dhe iu përgjigj rrëmbimthi asaj që unë nuk guxova ta pyes duke plotësuar kështu një dëshmi më shumë në vargun e gjatë të binjakëve me fatin e tij:

"Unë isha me fat që i mbijetova burgut të Spaçit, shumë nga ne u pushkatuan."

BESA

Amplitutat emocionale në jetën e intelektualëve të dënuar transmetojnë sinjale të rralla, njerëzore, plot me vlera që do ishte mëkat të mos i analizonim. Kështu do ta konsideroja raportin mes Astritit dhe babait që pa frikë ka emrin Besë. Një premtim se nuk do të arratisej nga Shqipëria kur të dilte nga burgu, një frikë se diçka tjetër do ti ndante e mbante larg. Një pasiguri e re, kërcënim jete që bëhej gjithnjë e më brishtë në kushtet e atij tmerri fizik, psiqik dhe shpirtëror.

Në vitin 1982 Astriti lirohet nga burgu me amnisti, nga 1100 të burgosur, 400 të tillë do të liroheshin. Në dalje u jepej një dokument të cilin zëri i thatë e citonte dhe dora edhe më e thatë duhej ta firmoste. Ai tekst i pështirë, i pakuptimtë, apsurd që Astriti e recitoi për mendësh natyrshëm nuk do të firmosej prej tij.

"Këtu do vish prapë!"

Gjëmonte zëri edhe më i hekurt se qelia.

Fati i individëve të tillë dihej: spiun ose dënim. Shkrepëtinte e nesërmja që dukej edhe më e pashpresë.

INTERNIMI
(1983-1989)

Me 29 shtator të po atij viti(1983) Astriti internohet në Kutalli të Beratit. Tashmë jo vetëm durimit po i vinte fundi por edhe shëndeti po rëndohej së tepërmi. Zemra e lodhur, të ftohtët e tmerrshëm të dhomave të akullta të Spaçit, etj, etj po e bënin jetën e të riut pa rini edhe më të vështirë. E në kushte të tilla kur fati dhe shëndeti të braktisin, familja mbetet e vetmja që vuan me ty. Ajo ishte arsye e mos arratisjes, besa e dhënë babait, lotët e nxehtë të nënës, motrave janë edhe vuajtje por edhe arsye për t'u zgjuar ditëve të vështira të internimit që ishte edhe më i egër se burgimi. Punë e detyruar, dhunë trupore, shpirtërore, mendore.

Një ditë kur edhe durimit edhe shëndetit i erdhi fundi Astriti rrëfen se ecte me katër këmbë, kolliste gjak, rrahjet e zemrës i kalonin 220 rrahje për minut dhe nuk mund të ngrihej në këmbë. Por ja që momentet e liga shfaqen edhe miqtë që do të mbeten përjetësisht të tillë. Ishte Mondi Seiko i cili njoftoi ambulancën dhe kështu i largohet kampit të internimit në vitin

1986 duke iu drejtuar spitalit ku i rekomandohet ndërhyrje e menjëherëse kirurgjikale në zemër.

Fytyra e nënës, shikimi i babait do ishin remedia më e mirë por edhe fjalët e mençura të miqve " ke thyer vetëm njërën këmbë kur të tjerët kanë lënë jetën" ishin pak diell pas stuhisë vdekjeprurëse.

Pas rrëfimit që zgjat rreth dy orë me plot detaje, citime, ditare të Astritit, pyes veten: Si është e mundur që të trajtohet në këtë mënyrë një jetë njerëzore?! Një jetë që ka aq shumë gjëra të bukura për ti dhuruar jetës, familjes, miqve, qytetit, Shqipërisë?!

Pse kaq shumë dhunë mbi mendjen?!

Përse kjo trashëgimni e hidhur nuk shteron kurrë?

Si është e mundur që shteti, kaq barbar ndaj bijve të vet më të mirë?!

DEMOKRACIA SHQIPTARE

E si mund të lindte e shëndetëshme demokracia në Shqipëri kur mendja e atij vendi fatkeq ishte dhunuar, dënuar, arratisur, gjymtuar. Ky narracion jete e bën të qartë edhe atë që po lindte në vitet 90-të dhe që ne e quajmë demokraci dhe tash e dijmë se pse ajo nuk mundi të jetë kurrë e tillë. Këtu Astriti rrëfen me zërat tanë, (jemi unë Milva dhe Iliri që kujtojmë) emrat e parë, mbledhjet e para, deri në prag të lindjes së Partisë së Parë opozitare në Shqipëri, Peshkopi, ku natyrshëm prezenca dhe roli i Astrit Ramës ishte i pamohueshëm. Gjithmonë kam besuar se e djathta në Shqipëri do të mbahej në jetë nga jetë të tilla, që kanë sakrifikuar për të drejta dhe liri. Kur shkelësit e të drejtave ulërasin mbi të drejtat më fort sesa ata që i kanë humbur ato, fatet e demokracisë dhe vendeve që aspirojnë atë janë të rrezikuara. Ne ishim një popull i palirë sepse u pajtuam me robërinë e cila çmontohet prej antikonformistësh që nuk pajtohen me të keqen. Dhe muret e së keqes janë ideologjike por edhe morale dhe ato shemben nga njerëz me histori të tilla vuajtjesh që as vuajtja nuk i nënshtroi dot.

IKJA NGA SHQIPËRIA

Me një gjëndje shëndetsore të rënduar Astriti tregon se si u larguan nga Shqipëria. Ishte 24 shtator i vitit 1991 dhe mesa duket me ikjen e tij do të shembej një prej mureve më apsurd në botë, ai që ndante dy Dibrat. Tela me gjemba, breshëri në ajër dhe mbi trupa, një tjetër akt drame ku protagonist ishte Astriti, bashkëshortja e tij Milva dhe një foshnje që pas disa muajsh do të vinte në jetë.

Një tjetër kalvar me shumë të panjohura, në tokë të huaj po ku flitet edhe shqip.

Dy orë hetuesi dhe gjyqi që mund të dënonte nga...muaj deri në tre vjet. Kishin kaluar pa leje kufirin që ndante, kishte vite që ndante familjarë, iniciativa.

Dënohen me 17 ditë burg në burgun e Shkupit dhe pastaj dërgohen në kampin e të burgosurve në Beograd.

Kur rrëfen për dhunë verbale dhe fizike shoh se Milva përlotet. Ndjej se është pikërisht ajo që i ka vuajtur më shumë ato ditë.

"Rrija e mbuluar nën batanije," thotë, "nuk doja të shihja asgjë, ndërkohë që Astriti ishtë në kampin e burrave."

Unë vetëm fantazoj se si Milva e bukur, e mençur, ajo vajza e përlotur me biografi të keqe që nuk mund të shkonte as në mbremje qendrore, përkrah ish mësuesit të saj që e ngushëllonte se NJË DITË DO NDRROJË KJO PUNË po jetonte ndoshta ditët më të vështira të jetës së saj por në krah të njeriut të cilit dija e marrë në perëndim nuk do ti shkonte dëm. Vetëm në Shqipëri dijet, librat, studimet, vlerat zhverësohen.

Sa e dhimbshme kjo histori pa fund. Meqënëse ky kamp të burgosurish monitorohej nga shumë organizata ndërkombëtare, Astriti ky frengjishtfolës i shkëlqyer do të punojë si përkthyes i OKB deri në muajin qershor të po atij viti, për tu vendosur më pas në Francë vetëm pak muaj para se të lindë gëzimi i parë i kësaj familjeje Judita.

FRANCA 25 VJET MË VONË

Po shkelte përsëri mbi ato rrugë që i kishte lënë dikur në rininë e tij. Me vete mbante nostalgjinë e atyre viteve, vuajtjet e pamerituara me të cilat pothuajse e vrau e marra kohë, dhimbjet e patreguara të burgut të Spaçit ku kishte vetëm një hektar qiell dhe disa orë diell, përndjekjet, përgjimet në dhomën e internimit, në shtëpi, kudo fliste, heshtte. Ky qiell perëndimi ishte i ngarkuar me aq shumë ëndrra e shpresa te lëna përgjysëm, zhgënjime. Por nën këtë qiell njeriu mundet të eci i lirë përsëri si 25 vite më parë edhe pse në atdheun tonë kjo liri nuk kuptohet, keqpërdoret, përdhoset. Një ish student i Sorbonës e ka të lehtë të orientohet udhëve, qendrave edhe pse në qytetin e tij rrugët iu mbyllën dhe jeta iu burgos kampeve më të egra të një sistemi çnjerëzor që denigron bijtë e vet më të mirë.

Pas disa studimesh post universitare Astriti do të jetë funksionar i shtetit francez. Nga viti 2004-2007 ai punonte në Ministrinë e Kulturës, në Drejtorinë e Kulturës së Krahinës së Bretanjës, sektori i shpërndarjes së librit drejt bibliotekave. Nga shtatori 2007 deri në maj 2018 (kohë kjo kur doli në pension) punoi në Ministrinë e Brendshme, drejtoria e kolektivitetit territorial ku është vlerësuar me medalje pune nga shteti francez.

Në sytë e mi, pasi dëgjova rrëfimin e tij, lexova aktakuzën, disa fragmente nga dosja, reagimet e të njohurve, jeta e atij njeriu m'u duk një muze i gjallë, me gjethe, bunker, muze me gjemba, me qiej ëndërrimtar, muze të pathënash që edhe po ti dëgjosh e ke shumë të vështirë për ti kuptuar dhe besuar. por ja që disa histori nuk duhen lënë në heshtje sepse bashkë me heshtjen vdes e vërteta e trishtë por edhe dija, reagimi, fuqia jone gjithmonë e më e brishtë për të korrigjuar të keqen që vrau të shkuarën tonë duke na gjymtuar edhe të ardhmen.

Edhe pse folëm e folëm gjatë e mbase shumë plagë nuk duhen trazuar sepse dhembin, në mendje më vërtiten shumë pyetje, pa përgjigje, pezull...
Çfarë fati ka individi në shoqëritë totalitare?!
Çfarë vakuumi intelektual shkakton denigrimi i elitave?!
Sa fatal ishte fati i familjarëve të cilët vuanin dënime të tilla?
Pse sistematikisht atdheut i dënohet mendja?!
Pse demokracia shqiptare nuk e korrigjoi këtë hantikap të trashëguar nga sistemet e mëparshme?!
(Disa medalje pune dhënë nga shteti francez). Marianne (gruaja që paraqet Republikën franceze, busti i së cilës gjëndet në çdo bashki komunë në Francë dhe në anën e pasme është shkruajtur:

La préfète Michèle KIRRY à Astrit RAMA. Prefektja, Michèle Kirry dhënë Astrit Ramës, për punën e bërë nga 1 tetori 2002 deri me 1 maj 2018.

Ky material është bazuar nga historia e Astrit Ramës (intervista, dosier, rrëfime personale).

Punoi Marjana Bulku
janar 2019

XV

Përtej intervistave

Bashkëjetesa virtuale i ka bërë jo pak herë të kapërcyeshme barrierat fizike, ato intelektuale apo të çfarëdo lloji tjetër në komunikimin midis njerëzve. Sot gjithkush ka mundësinë të komunikojë me personazhet e jetës publike falë avantazheve që ka sjellë teknologjia informative digitale.

Por unë preferova të sjell në këtë publikim disa prej shqiptaro-amerikanëve që kam pasur rast ti njoh personalisht dhe nëpërmjet pyetësorit 7-pikësh ti bëj të njohur edhe për lexuesit e mi. Çdo njohje me gjithsecilin prej tyre ka një historizëz brenda e cila nxiti dhe i dha jetë disa historive dhe bashkëpunime plot fryte me disa prej të intervistuarve nëpër faqet e këtij publikimi. Ky zinxhir sa logjik po aq edhe njerëzor ka në çdo nyje të vetën copëza jete, kontribute njerëzore e pse jo edhe reflektimin.

Reflektimi ishte pikërisht ai çka nxiti ndërtimin e këtij seti historish me bazë 7-pikëshin e pyetjeve analitike e përgjithësuese që mbartin në tërësinë e tyre disa momente të rëndesishme nëpër të cilat lëviz jeta e personazheve që unë i kam përgjedhur jo rastësisht por aq të dashur, të njohur, Miq jo vetëm të mi.

Mal Berisha, ish ambasadori shqiptar në Mbretërinë e Bashkuar dhe Irlandë u bë i njohur për mua teksa promovohej vepra e tij *"Jeta e jashtzëzakonshme e Charls Telford Eriksonit për Shqipërinë dhe për Shqiptarët"*. Pa dyshim që ambasadori ishte i njohur për mua si autor i disa librave nga të cilët *"Shqiptarët lisa në truallin Ilir"* ishte një ndër veprat më të dashura për mua, por njohja faktike ma bëri edhe më të lehtë këtë bashkëbisedim si dhe disa komunikime të tjera në studion e televizionit Albanian Culture TV në New York.

Frank Shkreli është një personalitet i publicistikës dhe gazetarisë mjaft i njohur në arenën shqiptaro-amerikane, të cilin pata rastin ta njoh personalisht në promovimin e veprës së tij *"Demokracia nuk pret"*. Në të lexova një prezantim të Thanas Gjikës i cili nuk ndodhej fizikisht aty. Ndërsa në gazetën Dielli publikova një reflektim timin personal mbi demokracinë si mision i papërfunduar çka u prit mjaft mirë nga Zoti Shkreli.

Adem Belliu ose më saktë tri Bellinjtë nga ku unë dua të kryelistoj Vera Belliun e cila është një produkt i veçantë i asaj Familje e cila mban me mund e sakrifica të hapur një studio televizive në shërbim të komunitetit shqiptaro-amerikan, Mimoza Belliu që çel jo pak herë zemrën dhe shtëpinë e saj për miqtë e Albanian Culture, dhe Ademi i palodhur e i kudogjendur me kamerat e televizionit që sot ka studio edhe në Tiranë e Prishtinë duke u shndërruar kështu në një model investimi patriotik me vlera universale.

Mirnjohje!

Lumi Hadri Devine është faktori kyç në lindjen e ciklit "Një jetë…disa histori" fillimisht në studion e televizionit Kultura Shqiptare, e më pas edhe në shtyp dhe tani edhe në këtë publikim modest.

Historia e saj, stili komunikativ prekës, tërheqës, i pasur me ngjarje e histori u bë burim frymëzimi për mua dhe shkak për krijimin e këtij seti rrëfimesh që njeriu ka nevojë ti ndajë me të tjerët.

XVII

Është e vërtetë se gjithkush ka çka rrëfen nga jeta e vet por disa rrëfime shpjegojnë shumçka e në të gjitha gjuhët e shpirtit njerëzor. Lumi Hadri është një prej tyre që rrëfen me shpirt dhe të prek në shpirt teksa rrëfen.

Drita Gjongecaj më tha diçka ditën e parë kur u takuam: "rrallë ndodh që teksa çelet ajo portë të hyjë dikush që ti e njeh". I tillë është realiteti në vend të huaj.

Por për mua miqësia me Dritën mbeti një portë e hapur nga ku hyn e del vetëm mirnjohje, respekt dhe bashkëpunim i cili uroj të mos shterrojë kurrë. Drita Gjongecaj është simbol i gruas shqiptare që në Amerikë arriti të bëjë karrierë profesionale në sajë të studimeve dhe rritjes profesionale sistematike.

Dr. Ana Kohen do ta takoja për herë të parë në studion e televizionit Albanian Culture. Me një gravitacion të lartë në stilin e saj të komunikimit, me një shqipe të kulluar ajo tërheq pa masë edhe për shkak të vyrtyteve njerëzore dhe historive që mban gjallë kujtesa dhe mirnjohja e saj. Ana Kohen është simbol i një hebreje ku Vlora dhe Shqipëria mbetën përjetësisht të gjalla çka ajo e vërtetoi me kontribute të shumta për shqiptarët dhe me shqiptarët e Amerikës.

Mirjana Lukic…nuk e di se çfarë ma bëri kaq të dashur këtë profil shqiptaro-amerikan; profesioni i mësuesisë apo stili i saj i të shpjeguarit aq i gjallë, i bukur, sqarues, tingëllues. Ndoshta të gjitha bashkë. Por kam bindjen se kushdo ka pasur rastin të bashkëpunojë me të si kolege, mësuese e petagoge ka arritur të afektohet nga këto cilësi.

Idriz Lamaj, ish gazetar i Radios Zëri i Amerikës, një studiues, publicist dhe historian nga i cili gjithkush mundet të mësojë jo vetëm mbi historinë por mësë shumti mbi metodologjinë e tij të punës. Kam pasur fatin ta ndjek në disa kumtesa dhe ta kem mik e bashkëpunëtor në organet drejtuese të Federatës Panshqiptare Vatra.

Azeta Zhabjaku Kola me të cilën jemi takuar për herë të parë tek Vatra, pastaj tek celebrimi me Miqtë e Shkollës Shqipe "Children of të Eagle", më pas në seminaret *"Metoda dhe perspektiva të mësimiit të gjuhës shqipe në Diasporë"*, organizuar nga AADLC dhe Drita Gjongecaj, jemi bashkëpunëtore e mike dhe sa herë që komunikojmë ndjejmë se sa vlerë kanë shqiptarët e mirë kur janë bashkë, sa peshë kanë veprat e tyre të vogla kur përpjekjet e përbashkëta amplifikojnë rëndësinë që çdo kontribut individual ka.

Ilir Rizaj: Kur pashë cilësitë e fotografisë së tij arkitektonike e pyeta: Po njerëzit a i fotografon?

Përgjigja s tij ishte e matur dhe plot kuptim, "Jo," tha, sepse duhet ti njoh e më pas ti fotografoj. Sepse Ilir Rizaj është fotograf i subjektit që përmban objekti. Këtë e kam vërejtur në të gjtha albumet e tij ku portreti i jashtëm është pjesë e pandashme e karakterit, mendimit dhe aktivitetit të njerëzve që ai ka pasur rastin të fotografojë.

Loreta Stamo, një mike e rrallë, me një intelekt të gjërë dhe një botë të pasur. Është pasuri ta lexosh, dhe po aq ta kesh mike e bashkëatdhetare.

Mjaftime Brati Dushkallari është profesoresha ime në Universitetin e Tiranës dhe si për çdokend takimi me ish petagogët mbart emocione të shumfishta dhe për brezin tonë është shumë më tepër se kaq. Është mirnjohje, respekt, madje edhe një lloj ndrojtje që shkaktonte raporti student-pedagog

XIX

për brezin tonë ku proçesi i edukimit shoqërohej nga disiplina e fortë. Takimi me të këtu përtej oqeanit sigurisht që përmban dimensione të tjera ku natyrshëm jeta këtej dhe andej ka sfida të cilat vetëm bisedat miqësore i zbërthejnë deri diku. Ajo mbetet rigorozja e dikurshme dhe njeriu korrekt që di ta përsosë veten kurdoherë.

Pashko Camaj, njohja me të cilin lidhet me Vatrën Panshqiptare, veprimtaritë e saj si një qendër ku roli i intelektualëve është domosdoshmëri sa historike po aq edhe shoqërore. Dr Pashko është një prej intelektualëve që veprimtarinë e vet të përditëshme në SHBA dhe atë në funksion të çështjes kombëtare i ndjek paralelisht dhe pa u lodhur duke shërbyer si një model i intelektualëve profesionistë në Diasporë.

Iris Halili është bashkëstudentja ime e Letërsisë. Ne i përkasim atij brezi që përjetoi disa tranzicione dhe solli ndryshimet e mëdha në Shqipërinë e izolimit 50-vjeçar nëpërmjet Lëvizjes Studentore të Dhjetorit. Me të diskutojmë shpesh se si ky brez që më së shumti ka emigruar të ketë mundësi të nxisë zhvillime të reja në realitetin shqiptar. Irisi me natyrën e vet ekspresive është një burim i pashtershëm energjish dhe idesh që janë esenciale në emancipimin shoqëror në Shqipëri dhe jo vetëm.

Dëshira Ahmeti Kërliu, soprania dibrane më zërin gurgullues si të gurrave të pashtershme të trevës nga ajo vjen është një artiste e dashur e skenës dhe jo vetëm. Ajo spikat si veprimtare që këngën shqipe përpiqet t'jua mësojë fëmijëve shqiptarë që rriten në USA. Pikërisht në këto mjedise edukimi zuri fill edhe njohja jonë me artisten që perfomon aq bukur në salla e koncerte madhështore si vetë vokali i saj.

Mund të ishin edhe më shumë, pa dyshim që ka akoma më shumë por nëpër këto fletë paharrimi ndodhen vetëm disa prej tyre. Ka edhe një mori komunikimesh që ndodhin përtej intervistave si derivat takimesh, mbresash, veprimtarish.

Ka disa prej tyre që unë mendova ti konsideroj si Në vend të intervistës...

INTERVISTA

LUMI HADRI DEVINE

Marjana Bulku: Lumi Hadri Devine, një intelektuale që e lë Kosovën por nuk e harroi kurrë atë, çfarë ju lidh kaq pazgjidhshmërisht me atë vend?

Lumi Hadri Devine:
Gjithçka ka mbetur kaq e ngrohtë dhe e freskët ndofta ngaqë i ruaj si të shtrenjta ato ditë e vite të shkuara.

Çaji i pasdites me babin në ballkonin e shtëpisë tonë në Pejë, nën hijen dhe aromën e blinit qindravjeçar dhe me bjeshkët madhështore të Rugovës në sfond nuk më hiqen nga kujtesa e shpirtit. Kënaqësia e të bërit Pazar me nënën në tregun e Prishtinës për të përzgjedhur prodhimet nga fermerët vendas, e pastaj për të ekzekutuar së bashku nënë e bij recetat tradicionale. Memoriale janë kujtimet në lagjen tonë në Prishtinë me vëllain tim Flamurin, i cili në fëmijëri më mësoi se si të luaj futboll, vizitat në Prizrenin historik te daja Qamil dhe darkat në hotelin Therandë, ku si pesë-vjeçare mësova si të vallëzoj nga grupi muzikor që performonte aty, stadiumi ku për shumë vite luajta ndeshje të hendbollit për skuadrën e Prishtinës. Kur kaloj aty akoma më duket se i dëgjoj tifozët që brohoritnin emrin tim kur i shënoja golat. Shkollat dhe fakultetet ku mësova dhe ku punova më sjellin një ortek memoriesh sa herë që i shoh.

1

Ngrohtësia që ndjej me miq të vjetër çdo herë që takohemi. Për këto arsye dhe shumë të tjera, por edhe për shkak të dashurisë së pa kufi që kam për popullin dhe gjuhën shqipe, Kosova për mua ka qenë, është dhe do të jetë thesar i pazëvendësueshëm

MB: Cila është ngjarja më e bukur që ju do të donit ta ndanit me lexuesit tanë?

LHD: Do të veçoja dy ngjarje të paharrueshme të cilat ndriçuan jetën time: së pari dua të kujtoj festimin e shpalljes së Pavarësisë së Kosovës në 17 shkurt 2008 në restorantin tim "Lumi" me aktivistë dhe lider të komunitetit shqiptaro-amerikanë. Ndër ta kujtoj kryetarin e ndjerë të Federatës Panshqiptare Vatra, zotin Agim Karagjozi sepse më lumturon fakti që ai e përjetoi këtë ngjarje historike për të cilën kontriboi me dekada. Kremtimin e hijeshoi edhe prezenca e shumë ambasadorëve si: Dame Karen Elisabeth Pierce, Ambasadorja e Britanisë së Madhe në Kombet e Bashkuara, Ambasadori Frank G. Wisner i SHBA-së, Ambasadorët e Shqipërisë Lubim Dila dhe Adrian Neritani.

Së dyti dita e dasmës sime në *Explores Club* në Manhattan ku unë dhe bashkëshorti im Patriv Devine lidhëm kurorë dhe së bashku me familjen dhe miqtë tanë kaluam një natë feste të mrekullueshme dhe të paharrueshme.

MB: Çfarë roli ka luajtur historia e vështirë shtetformuese e Kosovës në personalitetin tuaj si dhe në aktivitetin tuaj?

LHD: Historia e vështirë shtet-formuese e Kosovës dhe roli i babait tim në këtë proces, mendoj se u bënë komponent kryesorë i karakterit tim. Unë duke pasur privilegjin të jem pjesë e jetës së tij u bëra në shumë raste dëshmitare dhe admiruese e guximit të tij, e në moshën madhore edhe konsulente e tij. Vëzhgova së afërmi përgjatë viteve takimet e shpeshta dhe të fshehta në banesën tonë të babait me bashkëmendimtarët e tij; Akademikët e ndjerë dhe të nderuar Fehmi Agani dhe Gazmend Zajmi. Në këto takime ngjizej ideja dhe përpjekja për Kosovën e pavarur.

MB: Largimi juaj drejt SHBA-ve e intesifikoi rolin tuaj tashmë midis dy vendeve duke e bërë edhe më interaktiv angazhimin intelektual dhe patriotik që mbeti i pa plotë pas largimit tuaj nga Kosova?

LHD: Për mua ishte shumë e natyrshme, ashtu sikurse është frymëmarrja, sepse tani më ishte bërë pjesë integrale e formimit tim nevoja për kontribuar çështjes kombëtare dhe për të vazhduar në hapat e babait dhe vëllait tim pasi punët e pakryera prisnin. Kur mbrëmjen e 8 janarit, 1987 u detyrova të nisem për në SHBA pas një "vizite" dhe marrjes në pyetje nga policia speciale e Beogradit në shkollën ku punoja si profesoreshë e gjuhës Angleze, babi më përcolli dhe kur u përshëndetëm më udhëzoi: *"Bashkoju organizatës Rinia Shqiptare në Botën e Lirë"*. Me të arritur në SHBA e kërkova atë organizatë, por ajo ishte shuar, prandaj unë u bëra anëtarë themeluese e Këshillit Kombëtar Shqiptaro-Amerikan. Isha shumë aktive duke marrë pjesë pothuajse në të gjitha protestat dhe tubimet. Luajta rolin e "Qytetarit Diplomat" duke organizuar në restorantin tim takime të rëndësishme me zyrtarë të lartë Amerikanë dhe me akvistët e komunitet Shqiptar para, gjatë dhe pas luftës së Kosovës 1998-1999.

Akvitetete dhe lobimi i diasporës ishte shumë efektiv. Diaspora përmbushi me sukses misionin e saj duke bindur administratën Amerikane që ta parandalonin spastrimin etnik dhe gjenocidin në Kosovë. Gjatë viteve 2005-2008 u aktivizova përsëri në mënyrë intensive dhe organizova takime mujore në mes të aktivistëve/udhëheqësve të organizatave të komunitetit dhe Ambasadorit Frank G. Wisner, të dërguarin specialtë SHBA-së në bisedimet për statusin final të Kosovës. Ambasadori Wisner luajti rolin krucial në negocimin e pavarësisë së Kosovës dhe do të kujtohet gjithmonë si një mik i madh i popullit tonë.

MB: Ju keni një marrdhënie shumë të veçantë edhe me Shqipërinë të cilën do të donim të na e përshkruanit...

LHD: Babai im ka lindur në Lushnje dhe arsimimin fillor e ka bërë në Tiranë, prandaj unë si bija e tij kam të drejtën e nënshtetësisë së Shqipërisë dhe e ndjej vetën se jam në shtepinë time sa herë që shkoj në Shqipëri. Unë kam të njëjtën dashuri për Kosovën dhe Shqipërinë. Përgjatë vizitës sime të parë jo-polike në Shqipëri së bashku me bashkëshortin tim, pas pesë ditëve qëndrimi vendosëm ta blejmë shtëpinë tonë në Sarandë. Saranda ishte dashuri me shikim të parë.

Saranda, tre ishujt e Ksamilit, Butrinti dhe Gjirokastra për mua janë vende ku relaksohem plotësisht dhe ku trupi e shpirti më rigjenerohen. Kur shkoj në ishujt e Ksamilit jashtë sezonit turisk më duket se transportohem në kohërat e lashta, ishujt kane pamje mitologjike kur bie muzgu dhe në imagjinatën time shoh Odhiseun dhe sirenat. Udhëmi vjetor për në Shqipëri dhe Kosovë është një ngjarje të cilën çdo vit e presim me padurim.

MB: Cili është roli i komunitetit shqiptaro amerikan në mbrojtjen dhe konsolidimin e sovranitetit dhe prosperitetit të Kosovës sipas kendvështrimit tuaj proaktiv?

LHD: Pas shpalljes së Pavarësisë së Kosovës u hapën ambasadat dhe si rezultat diaspora nuk vazhdoi të luajë rolin proaktiv në aspekin e lobimit. Fokusi u vu më tepër në investime. Përse kjo ngjau dhe kush e shkaktoi shkyçjen e diasporës të SHBA-së është e debatueshme. Pasi që shteti i Kosovës edhe pas 20 viteve akoma nuk është konsoliduar është evidente që ekziston një vakuum dhe që përsëri diaspora duhet të mobilizohet për të ndihmuar në përmbylljen e këtij proçesi me përkrahjen e Administratës Amerikane. Përsa i përket prosperitetit, përpjekjet tona nuk kanë ndaluar asnjëherë.

MB: Ne nuk mund të ndahemi nga Lumi Hadri pa shfletuar pak nga historia e pasur e Familjes Hadri ku ju rendisni jo një por disa çka u bënë udhërrëfyese në jetën dhe veprimtarinë tuaj.

LHD: Kur përgjatë demonstratave në vitin 1968 e pashë vëllain tim tani të ndjerë, Dr. Flamur Hadrin, i cili në moshën 13 vjeç protestonte kundër aparteidit jugosllav duke hipur mbi autobuzin e përmbysur para teatrit kombëtar në qendër të Prishtinës nuk kam se si të mos marr frymë thellë, ndalem, përlotem dhe reflektoj thellë.

Ai kishte veshur një këmishë të kuqe me shqiponjën dykrerëshe e cila ia mbulonte krejt gjoksin, shqiponjë që ai e kishte vizatuar dhe ia kishte qëndisur nëna.

Po në të njejtën ditë babai im i ndjerë, akademik Ali Hadri e shpalosi flamurin gjigand kuq e zi nga dritarja e katit të dymbëdhjetë të banesës sonë e cila gjendej përballë konviktit të studentëve protestues në shenjë solidariteti dhe inkurajimi për ta.

5

Atë kohë unë isha thjesht fëmijë por e dija dhe ndjeja instiktivisht se kjo ngjarje do ndikonte thellësisht jo vetëm ndjenjat por edhe në jetën time duke ndezur kështu dashurinë e përjetshme për flamurin tonë të ndaluar nga Jugosllavët. Pastaj kur si studente unë mora pjesë në demonstratate vitit 1981 dhe i tregova babait, në shprehjen e syve të mij e vërejta se kjo ngjarje më kishte maturuar dhe ndryshuar thellësisht. Ai me mburrje më tha "Revolucionarja e Babit". Gjithashtu nuk mundem pa e kujtuar ngjarjen e një nate të ftohtë dimri të vitit 1981 kur persona nga UDB-ja e Beogradid erdhën dhe morën babin tim nga shtëpia jonë kundër dëshirës së tij.

Për tri ditë dhe tri net ne familjaret ishim në agoni sepse nuk e dinim se ku ndodhej dhe se a do ta shihnim përsëri. Për fat pas tri ditëve u kthye në shtëpi dhe të nesërmen përgjatë udhëmit tonë nga Peja në Prishtinë më tregoi se kishin sjellë në malet e Sharrit në Brezovicë, aty gjatë tërë kohës u munduan ta detyrojnë që të heq dorë nga veprimtaria dhe bindjet e tij. Së pari duke u përpjekur ta korruptojnë me oferta të ndryshme, kur kjo nuk punoi provuan ta frikësojnë me përjashtim nga puna dhe me gjygjsor, pasi që edhe kjo nuk pati efekt e kërcënuan duke i thënë "nëse nuk kooperoni do japim fund ardhmërisë tuaj". Ali Hadri ju është përgjigjur "Unë kam qenë zot i të kaluarës time, jam zot i tashmes me dhe do të jem zoti të ardhmes time, sepse unë i di shumë mirë konsekuencat e qëndrimeve dhe veprimtarisë time". Pra Ali Hadri veproi dhe shkroi historinë në periudha kohore shumë të vështira për popullin shqiptar brenda Jugosllavisë gjithmonë me qëllim për të avancuar çeshtjen kombëtare.

Babai im ka pasur një vetëdijshmëri akute për misionin e tij j jetësor që ishte ti shërbejë popullit të tij deri në sakrificën finale. Figura e tij u bë e pavdekshme në institucionet që mbajnë emrin e tij dhe në shtatoret në sheshet e Kosovës. Ndikimi i tij ka qenë i madh, por edhe mburrja që ndjej për të. Po ashtu nëna ime Nazmije Qata-Hadri veterane e arsimit të Kosovës ka luajtur një rol të pazëvendësueshëm në edukimin dhe formimin e personalitetit tim. Padyshim që pasi isha e ekspozuar ndaj ndodhive të tilla, ato kanë pasur një impakt rrënjësor në formimin e karakterit tim e sidomos influenca e babait dhe nënës time që jetuan jetën dinjitetshëm si idealistë e të përkushtuar që ia dedikuan jetën emancipimit të gjeneratave të reja dhe çështjes kombëtare. Ndikimi e tyre në jetën time është i jashtëzakonshm dhe mënyra me të cilën më frymëzuan edhe sot janë shembull referimi dhe udhërrëfyes i qartë në rrugëtimin tim të cilin e bëj me vetëdije të lartë dhe me përkujdesje për ta ruajtur përjetë trashëgimninë e çmuar që na lanë prindërit.

Është një bekim i vërtetë.

qershor 2021
New York

ADEM BELLIU

Marjana Bulku: Zoti Belliu keni dy dekada që qëndroni pas kamerave dhe ndiqni jetën dinamike të shqiptaro-amerikanëve dhe pak ju bie radha për të qenë përballë fokusit të kamerave, më lejoni të dij se si ka qenë ky segment prej 23 vjetësh për ju?

Adem Belliu:

Është kënaqësi të flas për një punë që është në shërbim të komunitetit Shqiptar në Amerikë. Që në ditët e para që nisa të mendoja për këtë ekran isha i sigurt që kjo punë do të kishte një kuptim të përjetshëm…U bënë 23 vite pa u ndarë as edhe nje çast nga përkujdesja për këtë dritare të vogël por me shumë histori dhe e vërteta është se nuk ndiej lodhje. Pothuajse çdo javë njihem me shoke e miq të mirë në komunitetin tonë të cilët mundohem ti mbaj pranë. Por nëse nuk do kisha bashkëpunëtorët e Albanian Culture TV në NY nuk do e kisha këtë "pasuri".

MB: Le të mbetemi edhe pak përtej kamerave, në karrierën tuaj prej muzikanti çfarë ndodh aty?

AB: Shijet e artistit, principet e patriotit dhe ambiciet e biznesmenit, i kam përvetësuar, balancuar dhe vënë në jetë që të mbajmë gjallë profilin prej producenti në një vend të madh si Amerika ku nuk është e lehtë t'ja nisësh nga asgjëja. Karriera ime si muzikant ndali në momentin kur avioni i vogël me 10 apo 12 veta u ngjit prej Rinasit në janar 1994 e unë me lot në sy shikoja djalin tim Gertin 5-vjeç ulur në sedilen e avionit ngjitur me mua. Aty ndjej se ka mbetur edhe karriera ime si muzikant. Por ndihem shumë mirë kur koleget apo ish-nxënësit e mi arrijnë sukses sot në ambiciet e tyre personale në funksion të kulturës shqiptare në Shqipëri por edhe jasht saj. Sigurisht që pasioni për muzikën transformohet në forma të ndryshme dhe lidhjet e mia me të janë të patjetërsueshme. Nuk ka orë apo moment që nuk dëgjoj muzikë klasike madje edhe kur jam në makinë. Mbase plotëson atë pasion që mbeti një kujtim i çmuar.

MB: Albanian Culture TV që ju e drejtoni prej rreth 23 vitesh u bë edhe stacioni edhe vizioni juaj për të cilin duam të dëgjojmë rrëfimin tuaj...

AB: Ka qenë një rrugëtim jo i lehtë. Një rrugëtim ku kamerat, gazetarët, editimet, realizimet jo pak herë kishin fillimisht vetëm një autor: mua. Më pas dy: unë dhe bashkëshortja ime, pastaj djali, vajza, pra një familje e tërë me disa detyra. Shijet e artistit këtu në NY besoj se kanë ndryshuar disi por jo menjeherë apo në vetëm pak vjet. Kur kam parë që në Carnegie Hall, në atë skenë magjike, në atë tempull të muzikës kanë shansin të luajnë edhe amatorë, gjykoj se vetëm në Amerikë janë këto shanse, sfida për shumëkënd dhe mundësi që ky vend kompetitiv ti ofron. Unë nuk mendoj se jam aq patriot por ligjet e patriotizmit i mora pa kuptuar nga Malsorët dhe Shqiptarët e Kosovës. Suksesin në biznes, fushë e cila më bën që të ndihem shumë mirë mendoj se ma dha ky vend të cilit i ndjehem mirënjohës. Nga përkrahja e bashkëshortes dhe iniciativave mbase tepër të guximshme për t'ju futur një fushe të tillë e nga ku pastaj mjafton të punosh fort dhe në mënyrë sistematike e ku doemos arrin diçka. Këtë rrugëtim për fat e pranoi e gjithë familja duke u bërë kontribuese e konsiderueshme.

MB: Lidhjet me vendin amë ky televizion i ka konkretizuar në një mënyrë shumë të bukur: me produksione nga Prishtina dhe Tirana, si u bë e mundur kjo?

AB: Në vitet 80-të kam qenë student në Akademinë e Arteve në Tiranë, dega muzikë, prej nga kujtoj se sa herë që na binte radha që të inçizonim ndonjë vepër muzikore të interpretuar nga orkestra e Institutit të Lartë të Arteve në TVSH më dukej vetja sikur po jetoja për disa orë në një tempull arti e kulture e kjo pasi që gjithë jetën time e kam vlerësuar shumë ekranin duke menduar se ai mundet të jetë rrezatim i shumë prej aspekteve kulturore e historike të jetës dhe veprimtarisë të një kombi. Rastësisht në NY madje qysh në fillimet e ardhjes sime këtu rreth vitit 1994 më ra në dorë një broshurë nga e cila mësova se mundesh të bëhesh producent i një programi televizioni me shkollë apo kurs falas. Aty pashë një nga mundësitë e paimagjinueshme të Amerikës. Pa e zgjatur fillova ta mendoja dhe më pas e realizova

MB: Po partnerët tuaj në fushën profesionale, cilët janë ato?

AB: Partnerët më të qëndrueshëm kanë qenë e po mbeten anëtarët e familjes dhe një pjesë e vogël e stafit pasi ky biznes është kryesisht me bazë vullnetare. Në televizionet lokale të 5 lagjeve të New York-ut: Bronx Manhattan, Brooklyn, Queens dhe Staten Island, nuk na jepnin më shumë se një orë trasmetim. Për të marrë më shumë orë trasmetimi në Cablevision atëherë më duheshin producentë të tjerë. Nuk ishte e lehtë të gjeja shqiptarë të tjerë asaj kohe ndaj m'u desh të aktivizoja anëtarët e familjes sime. Bashkëshortja ime Mimoza ka studjuar për gjuhë franceze dhe kjo ishte një ndihmë e madhe për shkrimet e kronikave, plus që falë zërit tepër të veçantë mikrofonik ajo e kreu këtë funksion më së miri. Më vonë u rritën edhe fëmijët të cilët filluan që të përdorin kamerat e kompjuterat për montazhe dhe kështu puna nisi të ishte edhe më produktive. Në të njëjtën kohë kemi pasur bashkëpunim edhe me gazetarë e moderatorë me të cilët e zgjeruam programacionin. Janë një listë e gjatë dhe gjej rastin për ti falenderuar për çdo kontribut.

MB: Si janë lidhjet tuaja si televizion por edhe si individ me vendin amë?

AB: Lidhjet me vendin amë kanë qenë të pashmangshme që në fillimet e punës së Albanian Culture Televizion por jo si sot. Blerja e studios në Tiranë është një investim i familjes tonë por që është vënë në shërbim të plotë për prodhime dhe menaxhimin e ACTV-së, programacioni dhe një pjesë e intervistave zhvillohen aty falë internetit dhe teknologjisë së sotme punët edhe pse në shumë distancë fizike kanë ecur mjaft mirë. Këtë eksperiencë e kam mësuar nga një shqiptaro-amerikan kur isha në Anchorage, Alaska para disa vitesh. Atli Dobrova një biznesmen shumë i suksesshëm i cili menaxhonte bizneset në Amerike nga Dibra e Madhe e Maqedonisë. Në Prishtinë tani kemi bashkëpunëtorin tonë të rregullt me kronikat e tij të përjavëshme kulturore. Kemi një plan që do na i forcojë akoma edhe më shumë lidhjet me vendin amë, që në të ardhmen të blejmë dhe një studio të Albanian Culture edhe në Prishtinë.

11

MB: Cili është mesazhi juaj për botën shqiptare atë përtej ekranit, ku ka shumë politikë dhe pak zgjidhje, shumë individualitete dhe pak marrveshje e shtrëngim duarsh?

AB: Duke jetuar në Demokraci e në liri, qytetari nuk duhet të presë vetëm nga shteti apo nga tjetri. Duhet që të kërkojë shumë më shumë nga vetja në drejtim të punës, të ekonomisë personale e të gjejë forma e mënyra për të punuar privatisht. Pa mohuar rolin e madh që kanë mënyrat klasike të integrimit siç është shkollimi. Gjithashtu besoj tek vyrtytet si psh pjesëmarrja ndershmerisht në jetën politike të vendit (dhe jo ta shikojë politiken si përfitim) mbase do mund të sjellë ndryshimet e pritura nga ne prej më shumë se tri dekadash.

"Punë punë natë e ditë, të shikojmë pakëz dritë".

IDRIZ LAMAJ

Idriz Lamaj vjen si një individualitet i spikatur në këtë publikim. Ai është studjues dhe publikues me një stil të veçantë në fushën e historisë. Aftësitë gazetareske dhe përvoja e tij në këtë fushë skalitin profilin e një gazetari intelektual dhe patriot që le gjurmë në historinë e gazetarisë shqiptaro-amerikane si zë i të vërtetës dhe i arsyjes.

Marjana Bulku: Ju e braktisët fizikisht Shqipërinë komuniste duke tentuar të mbërrini tek disa liri, si ka qenë ky shtegëtim për ju?

Idriz Lamaj:
Ju Falemnderit që më ktheni nëpër atë shtegtim. Kur im at është arratisur nga Shqipëria në vitin 1951, unë kam qenë vetëm tre vjeç. Dera e jonë, siç thonë të parët tonë ka qenë një familje e nderuar nacionaliste. Gjatë Luftës së II-të Botërore, baba dhe axhallarët e mi si shumë malësorë të tjerë, kanë mbrojtur e janë përpjekur me sakrifica për bashkimin e trojeve tona etnike. Pas ardhjes së komunizmit në fuqi, njëri prej axhallarëve të mij ka qëndruar maleve të Shqipërisë me çetat antikomuniste deri nga fundi i vitit 1949. Prindërit e mi janë arratisur nga Shqipëria në Jugosllavi vetëm për të shpetuar kokën, ashtu siç janë arratisur mijëra familje të tjera për të shpëtuar nga

tmerret e regjimit komunist. Unë e kam mbaruar shkollën e mesme në drejtimin pedagogjik në Pejë, në Kosovë. Pastaj më vonë jam arratisur nga Jugosllavia drejt Italisë ku kam kaluar disa muaj në kampet e refugjatëve atje. Përsëri kam kaluar kufirin ilegalisht dhe kam shkuar në Francë ku jam regjistruar në shkollë në Paris. Nga fundi i vitit 1967 kam përfunduar këtu në New York, me garanci të Komitetit "Shqipëria e Lirë". Këtu fillova një jetë të re ku përfshihej puna dhe edukim pa u ndarë njërën nga tjetra. Pas 45 vjet pune të panderprerë kam dalur në pension. Ky ka qenë shtegtimi im, pa përfshirë barrën e rëndë të rrëfimeve emocionale që i tejkalojnë lodhjet fizike shumë herë.

MB: Gazetaria juaj sjell një dimension shumë të veçantë; sjell faktin, sa ju ka ndihmuar kjo në atë që ju jeni; racional dhe tejet objektiv?

IL: Falemnderit për këtë lloj vlerësimi! Nëse mund të quhem ashtu si thoni Ju: racional dhe objektiv, atëherë pas mendimit tim mund të kenë ndikuar metoda e studimeve, puna shumë-vjeçare për Komitetin "Shqipëria e Lirë" dhe bashkëpunimi i ngushtë me kolegët e punës e me shumë miq e shokë të tjerë, shqiptarë dhe të huaj. Këtu do vej vetëm një gjë në dukje; Komiteti "Shqipëria e Lirë" është shikuar si një qeveri shqiptare në mërgim. Është formuar dhe drejtuar prej personaliteteve të shquara të mërgatës politike shqiptare si Mitat Frashëri, Hasan Dosti dhe Rexhep Krasniqi. Është mbështetur politikisht dhe financiarisht nga qeveria amerikane prej vitit 1950 deri në vitin 1992. Ajo ka pasur zyrat dhe shtypin e vet. Ai Komitet ka sjellë në Shtetet e Bashkuara afër 15,000 emigrantë shqiptar që kishin mbetur nëpër kampet e refugjatëve në disa shtete europiane perendimore. Mijëra dosje të emigracionit në fjalë të cilët kanë emigruar në

Shtetet e Bashkuara me garanci të Komitetit "Shqipëria e Lirë", ia kam dhuruar bibliotekës të Vatrës. Në qershor të vitit 2019 i kam dhuruar Arkivit të Kosovës afër 15,000 dokumente të atij Komiteti. Për këtë çështje kanë shkruar autoritetet drejtuese të këtij insitituti të njohur të Kosovës të cilët kanë ardhur këtu në New York dhe kanë fotokopjuar dokumentat. Për atë zyrë kam punuar më shumë se 20 vjet. Jam marrë me përgatitjen e gazetës *"Shqiptari i Lirë"*, por edhe me analiza e raporte të tjera të cilat i kërkonte koha.

MB: Do të ishte me interes të na përshkruani pak nga përvoja e juaj si gazetar i "Zërit të Amerikës" çfarë do të thoshte kjo eksperiencë për ju?

IL: "Zëri i Amerikës" është një institucion i veçantë, ashtu siç janë të gjitha institucionet e qeverisë federale amerikane, serioze në mbilartësi ndërkombëtare. Si gazetar shumë-vjeçar në seksionin e gjuhës shqipe kam mësuar shumë gjëra:

Të përqendrohesh në thelbin e çështjes.

Të shkruash për subjektin që ke para sa më shkurt.

Në secilin shkrim, i rëndësishëm ose i parëndësishëm, të mbështetesh të paktën në dy-tre burime të ndryshme.

Ky mësim, në punën e përditëshme më ka bë rigoroz, kursimtar, të tërhequr nga shpjegimet e hollësishme, të cilat mund të krijojnë konfuzione në shkrimet gazetarike. Të gjitha këto, dhe ndoshta shumë mësime të tjera, me kanë ndihmuar në fushën stundimeve krahasuese (Comparitive Studies), disiplinë që shërben shumë në fushën e studimeve historike. Prandaj, shkrimi, studimi, analiza apo lajmi, pa marrë parasysh, të pëlqen apo jo, duhet të jetë sa më korrekt. Ky qëndrim, nuk vlen vetëm për çështjen e transmetimit ose ekspozimit të të vërtetës, si lajm ose shkrim, por ka vlerë të veçantë për dinjitetin

15

e personit që shkruan, si njeri dhe si studiues. Në "Zërin
e Amerikës" kam pas fatin të punoj me një njeri shumë
të veçantë, me z. Elez Biberaj. Ai vazhdimisht linte në
tavolinën time të punës, shkrime, editoriale dhe analiza
që kishin të bënin me problemet e Europës Lindore. Ajo
ishte fusha e ime që më pëlqente dhe ku ndjeja se kisha
një pregatitje serioze.

**MB: Angazhimi juaj në shtypin e kohës sjell në sytë
tanë profilin e një historiani rigoroz, i përpiktë që krijon
besueshmëri tek lexuesi, cili është komenti juaj për
historinë shqiptare, a është shkruar rigorozisht ajo?**

IL: Dihet se gjatë regjimit komunist në Shqipëri janë botuar
tonelata "studime historike", gjoja të mbështetura në
lëndën arkivore. Ato lloj "studimesh" edhe 30 vjet
pas rënies së komunizmit po japin rezultatet e veta
deformuese. Në çerek shekullin e fundit afër tri dekada
pas rënies së komunizmit janë botuar dhe po botohen
punime të ndryshme, vepra të ashtuquajtura shkencore, të
cilat i japin rezultatet e veta duke u bazuar gjoja në lëndën
arkivore. Në ato vepra keqtrajtohen faktet historike,
lënda arkivore keqpërdoret ose interpretohet në formë
e cila i konvenon njërit ose tjetrit, duke i ikur kështu
të vërtetës shkencore. Publikuesit e tillë të "veprave
shkencore historike" u takojnë veprimtarive të ndryshme
dhe njohurive të ndyshme e më së paku studimeve
shkencore historike. Ata në mënyra joprofesionale dhe
joshkencore i shfrytëzojnë dhe i interpretojnë "burimet
arkivore", e sidomos ata kanë shumë pak ose aspak
njohuri të arkivistikës. Ka edhe raste që disa autorë të
veprave të tilla nuk ngurojnë të përvetësojnë mendimin
e huaj, shkrimet e huaja, apo trillojnë burimet. Mendoj
se e vetmja mundësi për trajtimin e drejtë të zhvillimeve
historike shqiptare është; së pari grumbullimi dhe botimi

16

i arkivave prestigjioze për sjelljen e realitetit historik në dritë i cili është deformuar me kohë nga sistemi komunist dhe thjeshtë të gjitha ngjarjet historike janë trajtuar sipas interesave politike dhe ideologjike. Për këtë çështje do të sjell vetëm dy shembuj tragjikomik:

Po lexuat me vëmendje studimin historik prej 650 faqesh, të botuar në Tiranë në vitin 1978, të shkruar nga njëri prej historinëve më të njohur të asaj kohe *"Pavarësia Shqiptare dhe Diplomacia e Fuqive të Mëdha 1912-14"*, në 27-të faqet e para të këtij teksti, (emrin e autorit e keni të shkruar me shkronja të mëdha në kopërtinë), 18 herë iu referohet "të dhënave" të shokut Enver Hoxha. Merre me mend të dhënat e shokut Enver për zhvillimet historike në kohën e shpalljes të pavarësisë shqiptare. Së dyti sa i përket historiografisë tonë pas Luftës së Dytë Botërore, deri në vitin 1960, lexoni vetëm dy gazeta të asaj kohe; *"Bashkimin"* dhe *"Zërin e Popullit"*. Në këto dy gazeta do të shihni, se Shqipëria ka qenë thjeshtë një republikë jugosllave dhe menjëherë pas prishjes me Jugosllavinë, thjeshtë një republikë sovjetike. Për të vërtetuar këtë tragjikomedi të historiografisë tonë dje dhe sot besoj se në këtë rast nuk nevojitej asnjë dokumentim tjetër krahasues.

MB: Për ata që pak ju njohin ne duam një përmbledhje konçize të studimeve dhe veprave tuaja pasi kam bindjen se ato janë një material shumë i vlefshëm historiografik.

IL: Shkrimet e mia që mund të kenë ndonjë vlerë janë të shpërndara nëpër revista e gazeta të mërgatës, të botuara midis viteve 1968-1990 në periudhën kur unë kam përgatitur gazetën *"Shqiptari i Lirë"*, organ Komitetit "Shqipëria e Lirë". Këtë gazetë e kemi përgatitur me Profesor Krasniqin, i cili ka qenë Kryetar i Komitetit. Pregatitja e kësaj gazete synonte ti vinte në ndihmë edhe

17

botuesve të gazetave dhe të revistave të tjera të mërgatës nacionaliste; natyrisht edhe ata na kanë ndihmuar ne pa asnjë rezervë reciprokisht. Prandaj shkrimet e mia origjinale në gazetën e Komitetit dhe në revista e gazeta të tjera të mërgatës, janë me qindra, ndoshta dhe më shumë. Kam shkruar dhe botuar pandërprerje, për më shumë se 20 vjet (1968-1992). Shkrimet e mia të asaj kohe janë të shpërndara në dhjetra gazeta e revista të asaj periudhe, të cilat për fat të keq nuk ekzistojnë më. Sa iu përket shkrimeve të fushës së studimeve historike të përmbledhura si botime në vete, po sjell katër-pesë prej tyre:

1. *Albanian and Yugoslav Party and State Relationship (Marrëdhëniet Partiake Shtetërore Shqipëri-Jugosllavi)*. Një përmbledhje të këtij studimi prej 132 fq. në gjuhën angleze të cilin e kam shkruar kur isha student dhe që është përkthyer në gjuhën shqipe dhe botuar si nënfletë e gazetës "*Shqiptari i Lirë*", në vitin 1977.

2. *Albanian-Montenegrin Conflict Mover: Plava And Gucia*, 1879-1880. (Dokumente Angleze mbi Konfliktin Shqiptaro-Malazez Rreth Plavës dhe Gucisë, 1879-1880).

3. Komiteti Kombëtar "Shqipëria e Lirë" 1949-1956.

4. Xhafer Deva në Dritën e Letrave të Veta.

5. Vatra dhe Vatranët.

Gjënden të shpërndara edhe shumë studime e shkrime të fushave të ndryshme që kanë një lloj vlere, të cilat po të mblidhen dhe botohen do të përbënin disa vëllime. Vetëm për pesë vjet (1987-1992), në valët e shkurta të "Zërit të Amerikës", në rubrikën javore "Shqiptarët e Amerikës", janë transmetuar më shumë se 1000 fq. shkrime të mia të ndryshme, origjinale. Kam publikuar si botim më vete, shkrimet letrare të Adem Demaçit: *"Gjarprijt e Gjakut dhe Novela Tjera"*, kur ai ishte në burg dhe emri i tij urrehej në Prishtinën dhe Tiranën politike. Studimin e Prof. Hasan Kaleshit: *"Dr. Ibrahim Temo Frymëzues Revolucionar dhe Mendimtar nga Struga"*. Prof. Kaleshin e kam pas mik, para se të ndërronte jetë, ia kishte dërguar këtë studim profesor Martin Camajt, me porosi t'ma dërgonte mua. Kam shkruar dhe botuar *"Mevludin"* më të ri në gjuhën shqipe, si vepër origjinale; vepër shkrimi i të cilës më është "imponuar" nga Imam Vehbi Ismail, për të cilin kam pas shumë respekt. Kam botuar dy veprat e Prof. Rexhep Krasniqit: Komiteti "Shqipëria e Lirë" dhe shkrime të tjera, dhe *"Kongresi i Berlinit r Verilindja r Shqipnis"*, teza e tij e doktoraturës, kur prof. Krasniqi ishte në moshë të thyer i cili kishte kaluar 90 vjet. Veprën e Kapidan Ndue Gjon Markut: *"Mirdita: Dera e Gjomarkut-Kanuni"*. Kapidani në atë kohë kishte kaluar 90 vjet. Janë edhe disa botime të tjera që i përkasin fushës të letërsisë, si *"Rrugëve të mërgimit"*, të cilave asnjëherë nuk iu kam dhënë rëndësi.

MB: Nëse sot do ushtronit sërish rolin e gazetarit të "Zërit të Amerikës", cili do ishte lajmi i parë i kronikave tuaja?

IL: Do hapja një dritare komunikimi të përditëshëm me studentët e shkollave të mesme dhe të larta në Shqipëri dhe në vendet tona tjera etnike. Jehona e zërit të tyre do dëgjohej pa ndërprerje. Do të krijoja një lidhje të hekurt midis tyre. Ata do të dëgjonin zërin e njëri-tjetrit më shumë se zërin tim. Komunikimi sotëm me facebook dhe e-mail më duket komunikim i heshtur, komunikim i pavlerë, kur kemi parasysh problemet e gjithanëshme që kanë kapërdi masat e gjëra të popullit tonë në Shqipëri dhe në trojet tona etnike. Fatkeqsisht, shtypi, televizioni dhe mjetet tjera të komunikimit janë vënë tërësisht në

19

sherbim të interesave politike dhe përfitimeve përsonale. Zëri i studentëve nuk dëgjohet fare. Kronika e ime e vetme do ishte; "zëri i studentëve tonë në atdhe".

MB: Çfarë vendi ze tek ju Atdheu zoti Idriz?

IL: Unë jam malësor i thjeshtë, i rritur dhe plakur tashmë rrugëve të mërgimit. Atdheu im i lindjes nxën vend tek unë, aq sa nxën vend nderi dhe dinjiteti im. Çfarë vendi nxën atdheu, të secili mërgimtar?! Kjo gjëndet më së miri në poezinë e Ernest Koliqit *"Shqipnin e mora me vete"*

ILIR RIZAJ

Ilir Rizaj është profili i veçantë i një fotografisti profesionist ku shkrihet natyrshëm dashuria për traditën, historinë, të bukurën me pasionin dhe profesionalizmin e lindur dhe të kultivuar nga bashkëpunimi me mjeshtrit e fotografisë shqiptare duke "themeluar" akademizmin në Artin e Fotografisë.

Marjana Bulku: Ju jeni konsideruar mjeshtër i fotografisë arkitektonike, si mbërritët tek ky profesion që ju e mbuloni me aq pasion duke pasur parasysh se formimi juaj akademik lidhet me tjetër fushë?

Ilir Rizaj:

Kujtoj se dita e parë në punë si jurist i ri në Prishtinë ka qenë shumë e mundimshme, sepse nuk e kam natyrën të rri ulur tetë orë rreshtazi. Edhe pas ardhjes në New York, kam punuar në restorante, ku është një temp shumë dinamik pune. E po aty kujtoj se kam takuar një arkitekt Iranian, i cili me pyeti nëse mund t'ia fotografoja projektet. Së pari mendova se duhej të informohesha mirë ndaj bleva disa libra të historisë së arkitektures dhe disa të lidhur me fotografinë arkitektonike. Mbas një studimi te thellë, i bëra fotografite e para, dhe aty çuditërisht e zbulova pasionin tim për të fotografuar arkitekturën.

MB: Në komunikimet sistematike me ju më bën përshtypje fakti se ju nuk reshtni duke përmendur inspiruesit dhe mentorët që i dhanë hijeshi karrierës tuaj të cilët kam dëshirë tja sjellim në vëmendje edhe lexuesve tanë.

IR: Mendoj se në fushën e fotografisë tani nuk mund të zbulojme asgjë të re pasi çdo gjë është zbuluar nga mjeshtërit e mëparshëm. Ne të tanishmit mundemi vetëm të japim një lloj vule modeste personale punës sonë. E në atë drejtim, frymëzimi duhet të vijë nga më të mëdhenjt dhe unë e kam pasur atë fat. Unë në aspektin personal, kam pas fatin të mësoj nga mjeshtri i fotografisë së modës: Fadil Berisha, dhe të frymëzohem nga vepra dhe jeta e Gjon Milit, i cili fatmirësisht na la disa libra fotografik si testament.

MB: Fotografia juaj sjell disa përmasa, kohët e fundit ajo zbërthen porsi drita ngjyrat, artin e disa artistëve që për hir të së vërtetës kemi pasur rast ti njohim përmes fotografisë tuaj.

IR: Zakonisht jam njeri që shumicën e kohës fotografoj arkitekturë, në kohen e lirë gjej kenaqësi të fotografoj artistë të fushave të ndryshme. Jam shumë i privilegjuar të bashkpunoj me talentë të jashtëzakonshëm. Në fushën e arkitekturë janë: Sokol Malushaga, Përparim Rama, Mars Podvorica, Bujare Cana etj. Nuk rri dot pa përmendur edhe Ramiz Kukaj, i cili edhe pse jo arkitekt me profesion, me restorantin e tij "Çka ka Qëllu" ka bërë mrekulli që i bën homazh traditës më të bukur të interiorit klasik popullor. Në fushën e artit, janë artisti Sislej Xhafa, violinçelistja Gjilberta Lucaj, këngëtari dhe kompozitori Vlashent Sata, thesari kombëtar Elina Duni, jazz gitaristi Taulant Mehmeti, violinistja Joana Kaimi, balerinët Etrita Abdullahu dhe Akreoma Saliu, aktori Shpend Xani, e shumë të tjerë të cilët unë nuk i ndaj nga fokusi im fotografik.

MB: A e zbukuron fokusi juaj fotografik objektin apo ju zgjidhni gjithmonë objekte të cilat e mbajnë të bukurën brenda, pra si është marrdhënia juaj me të bukurën?

IR: Siç e e dijmë, koncepti i së bukures është mjaft kompleks, sepse ndërron me kohërat. Por janë disa ligje metafizike që e definojnë të bukurën duke na zbuluar disa rregulla kompozicionale, e unë veç mundohem t'i përmbahem atyre rregullave në punën time. Në atë mënyrë, edhe diçka që fillimisht mund të duket e shëmtuar, mund të shndërrohet në diçka të bukur dhe harmonike. Këto sekrete të kompozicionit më së lehti mund të shihen në punën e mjeshtërve klasik, si: El Greco, Caravaggio, Michelangelo dhe Da Vinci.

MB: Po me historiken, arkaiken si është marrdhënia juaj?

IR: Pa e njohur të kaluarën, nuk mundemi ta kuptoj më të tanishmen, e pa e kuptuar të tanishmen, vështirë që mund t'a krijojmë të ardhmen e suksesshme. Si tek druni, rrënjët ia japin stabilitetin dhe e ushqejnë trungun, degët dhe gjethet me jetë e shtat.

MB: Ju keni emigruar treth viteve 80-të në SHBA dhe natyrshëm jeni ndjekës aktivo-pasiv i jetës komunitare shqiptaro-amerikane, si ka parakaluar ajo nëpër objektivin tuaj?

IR: Komuniteti jone ka kaluar në një transformim të jashtëzakonshem, si në aspektin kuantitativ, por çka është shumë me e rëndësishme, edhe në aspektin kualitativ, ku organizimi jonë në çështje artistike ka arritur nivele shumë të larta. Prej koncerteve, shfaqjeve, organizimeve bamirëse, etj, kemi krijuar një jetë të begateshme, dhe kemi krijuar një impresion te amerikanet e New York-ut me të cilin mund të jemi pse jo, shumë krenar. Unë personalisht jam munduar të ndihmoj me fotografi dhe organizime. Por duhet të theksojmë punën e palodheshme të Albanian Culture TV në promovimin e vlerave tona. Në aspektin individual, pa dyshim, një meritë të posaçme e ka këtu Fadil Berisha, i cili ka qenë nje katalist kryesor për këtë transformim. Kontribut të çmuar dhe mbështetje të pakursysheme kanë dhënë edhe Ambasadorja Teuta Sahatqija si dhe Ambasadorja Besiana Kadare.

MB: Nëse do i vinit një titull albumeve tuaja fotografike cili do të ishte ekskursioni më i bukur fotografik aty?

IR: Unë besoj se vetë procesi i fotografimit ka më shumë vlerë se sa një foto si produkt përfundimtar. Gjatë fotografimit, përjetoj situata të jashtëzakonshme, ku bashkpunimi im me një arkitekt apo me një artist len kujtime të paharruara, dhe ndikon në ngritjen time edhe si qenie njerezore edhe si profesionist. Do t'a veçoja procesin e bashkëpunimit tim me këngëtarin Vlashent Sata në studion e nje mikes sime e cila është artiste figurative. Vlashenti është edhe këngëtar edhe pianist, e mbasi nuk kishim piano aty, me ra në mend të pyes shoqen time t'ia pikturojë çelësat e pianos në gishtat e dores së Vlashentit. Dhe ashtu duke improvizuar e krijuam një foto unike, siç është edhe vet Vlashenti. Kështu që titulli i albumit tim më të bukur fotografik do të ishte...le të themi: Improvizimi. Se improvizimi e mposht monotoninë, e monotonia është armiku më i madh i këtij ekskursioni magjik që e quajmë jetë.

Të falemnderit Marjana.

24

Dr. Ana Kohen

Ana Kohen dhe tre dimensionet e një intelektualeje; në familje, profesion dhe në funksion të komunitetit shqiptaro-amerikan. Tre shkëlqime të njeriut që din të dojë gjithçka bën dhe të dhurojë dashurinë në çdo kontribut.

Marjana Bulku: Doktoreshë Anna kohen, jeta juaj ka kaluar përmes Shqipërisë, çfarë ka mbetur e paharruar në kujtesën tuaj nga ai vend?

Ana Kohen:
> Unë kam lindur edhe jam rritur në Shqipëri. Kujtimet më të bukura janë ato të fëmijërisë, jeta jone si jehudi në Vlore, shoqet dhe shokët e shkollës së mesme. Por vetëm kur u largova nga ai vend kuptova se zemrën time unë e lashë në Shqipëri. Si pa e besuar as vetë kuptova se ai vend kishte qenë dashuria ime e parë e cila nuk harrohet dot kurrë edhe sot e kësaj dite.

MB: Gjuha shqipe mbeti kaq e gjallë dhe e pastër tek ju? Si ia dolët të mos e harroni atë as në Amerikë?

AK: Në fakt gjuhën shqipe e kisha harruar sepse gjithmonë flisnim greqisht në familje dhe siç dihet familja është baza e çdo lloj zhvillimi dhe kultivimi gjuhësor. Kur u

25

ktheva në Shqipëri pas shumë vitesh, pata rastin të jepja leksione në degën e stomatologjisë të Universitetit të Tiranes. Aty e ndjeva të nevojshme që të kisha ndihmën e një përkthyesi nga greqishtja. Në vitin 1990 pas shumë përpjekjesh arrita të sjell në Amerikë gjithë familjen time prej 37-vetash të cilët jetonin ende në Shqipëri. Duke komunikuar me ta fillova ta ripërdor edhe ta përmirësoj dukshëm gjuhën shqipe. Më vonë, pasi u zgjodha kryetare e AAWO Motrat Qiriazi, fillova ta përdor më lirshëm gjuhën shqipe kuptohet nga takimet e shumta me shqiptarët nisa ta praktikoj gjithmonë e më shumë.

MB: Ju i doni shqiptarët, e keni vërtetuar këtë me vepra, pse i do shqiptarët kaq shumë Ana Kohen?!

AK: Prindërit e mi kishin ardhur nga Janina e Greqisë në Vlorë. Gjate luftës ata u strehuan në Fshatin Trevllazer ku arritën që të mos zbulohen dhe arrestohen nga nazistët gjermanë. Këtë fat nuk e pati familja e mamasë time e cila jetonte në Janinë të Greqisë, ata për fat të keq u shfarosën në Kampet e Përqëndrimit. Kjo e ka dhe shpjegimin e pyetjes tuaj brenda, prandaj unë nuk kam se si të mos i dua shqiptarët në sajë të të cilëve ne ekzistojmë.

MB: Doktoreshë, humaniste, aktiviste në jetën e komunitetit shqiptaro-amerikan çfarë tjetër do ta bëjë të paharruar për ne shqoptarët Ana Kohenin?

AK: Unë i dua njerëzit prandaj dhe trajtoj të gjithë njerezit me respek dhe dashuri, kjo është shkak pse unë jam mjeke në profesion ose ndoshta edhe pasojë e profesionit.

MB: Motrat Qiriazi, New York, Florida, projekte të shumta me në qendër familjen, gruan, fëmijën, çfarë e ushqen kaq fort humanizmin tuaj; profesioni, apo shpirti juaj tërësisht human?

AK: Nuk ka qene e lehtë për mua që të drejtoj organizatën "Motrat Qiriazi" për më shumë se 25 vjet. Vetë historia e familjes time më ka mësuar që ta vlerësoj humanizmin edhe gjithmonë të përpiqemi të ndihmojmë njerëzit në nevoje. Që kur isha e vogël gjithmonë i kam ndihmuar shokët dhe shoqet e shkollës. Mbaj mend një herë kur duke dashur ta ndihmoj me çdo kusht një shok të klasës i tregova në provimin e frengjishtes. Si pasojë mësuesi më nxorrri jashtë nga klasa. Ky konsiderohej një turp për një studente të shkëlqyer. Dëshira për t'ju shërbyer njerëzve Ishte një nga arsyet kryesore edhe në zgjedhjen e profesionit tim.

Edhe unë kam kaluar një periudhë të vështirë në vitet e para të emigracionit. Kështu i kuptoja vështirësitë që kalonin shqiptaret pasi kisha kaluar edhe vetë nëpër to. Nuk mohoj që familja ime ishte një shembull për mua, historitë e saj natyrshëm na e kishin imponuar modelin e vet.

MB: Modeli juaj njerëzor, profesional dhe estetik ka frymëzuar kaq shumë miqtë sidomos ato që ju njohin nga afër, çfarë mesazhi ke për ata që pak ju njohin dhe duan të ndjekun udhën tuaj altruiste?

AK: Sa herë të keni mundësi ndani njohuritë tuaja me të tjerët! Dhuroni sipas mundësisë tek organizatat që ndihmojmë komunitetin tuaj por edhe njeräz të tjerë në nevojë. Gjithmonë përpiquni të ndihmoni njëri-tjetrin edhe jo të armiqsoheni. Trajtoje me dashuri jo vetëm mikun por edhe armikun. Tregoju që ti ke një zemër më të madhe se ata që nuk të duan, apo të kanë zili. Vitet kalojnë shpejt e kur të plakesh dhe ta pyesesh veten: çfarë kam bërë unë në jetën time…(?!) do të ndjehesh mirë kur din se i ke dashur edhe i ke ndihmuar gjithë njerëzit, përndryshe do ndjehesh shumë keq. Por do jetë vonë.

MB: Si ndjehet Ana Kohen gjyshe, na përshkruaj një ditë nga jeta juaj brenda asaj që konsiderohet e paprekshmja Mbretëri; Familja?

AK: Unë jam bërë gjyshe në moshë të re nga fëmijët e burrit. Fëmijët tanë na kanë dhuruar dy nipa dhe një mbesë Vajza jeton në Florida shumë afër nesh duke na dhënë kënaqësi që ta kemi gjithmonë pranë mbesën e ta shijojmë rritjen e saj.

Alana më kujton veten time kur isha fëmijë dhe rrija gjithë ditën pas gjyshes time e ajo kujdesej për mua me aq shumë dashuri. Ajo përpiqet të më imitojë dhe e quan veten Mini Nona. Gjyshi shkon në ballkon edhe pi cigare Ajo e din që unë shqetësohem më shikon dhe më pyet:

"Where is Papu? Let me go and check on him."
"Oh, Papu you are smoking. Please stop, is not good for you."

Then she comes back inside and tell me:
"Nona, Papu is smoking and he does not listen to me."
"I will become a dr like nona, but Papu are you going to be alive when I finish school?"

Kur unë sëmuren ndonjëherë, ajo shqetesohet edhe me një pamje serioze më pyet:
"Nona, when are you going to die? Well I don't know, only god knows."
"Oh, but after that the only thing left is for you to go to heaven correct?"

28

"Yes."

Ne të dyja kuptohemi me sy, ajo din të dallojë kur diçka nuk shkon, marrdhënia ime me Alanën plotëson kohën kur unë rrisja time bijë, midis karrierës profesionale dhe angazhimeve shoqërore ne humbasim pa e kuptuar kohën më të artë të jetës atë të rritjes së fëmijëve.

Megjithatë unë dua të pohoj që kam punuar shumë për të qenë mama, bashkëshorte, grua në karrierë në të njejtën kohë dhe gjithmonë pyes veten: A ia kam dalë?!

MAL BERISHA

Mal Berisha është shembulli i intelektualit patriot, ambasadorit panshqiptar dhe studjuesit që luajti një rol të jashtzakonshëm në njohjen dhe forcimin e marrdhënieve shqiptaro-amerikane në periudhat më të errëta për kombin shqiptar kur Amerika ishte i vetmi zë shprese dhe shpëtimi.

Marjana Bulku: Përmasa juaj shumë dimensionale (si njeri studjues dhe diplomat) ma bën të vështirë hierarkinë e pyetjeve por unë dua t'ja nis herët diku tek një kujtim i pashlyeshëm i juaji nga fëmijëria, çka ju vërtet mendoni se ka projektuar deri diku ambiciet dhe atë që ju do të ishit më vonë?

Mal Berisha:
Më së pari ju falenderoj shumë për mundësinë që më ofroni për të dhënë këtë intervistë për librin tuaj. Ju falenderoj për cilësimin "shumëdimensional" edhe pse dyshoj nëse e meritoj një gjë të tillë.

U linda dhe e kalova fëmijërinë time në një nga zonat më të bukura të dheut, por edhe në kushtet më të vështira të asaj kohe. Tropoja ime ishte e njohur sa për historinë e saj të patriotizmit, për terrenin malor por edhe fushat e bukura sado që jo shumë të gjëra, për bukuritë e pafundme të natyrës, bjashkëve e po aq edhe për izolimin, paranojën

30

e frikën prej kufirit, që ndante shqiptarët nga shqiptarët. Shtoj kësaj edhe sindromin e frikës së persekutimit të familjes për shkak se dy nga njerëzit më të afërm të babait tim jetonin njëra në Kosovë, motra, ndërsa tjetri, vëllai, ishte arratisur kur unë isha një vjeç. Shkolla jonë ishte e vogël, e hapur në vitin 1927, e pajisur jo aq mirë, e ftohtë dhe me kushtet më minimale të mundshme. Ajo mbante një emër të bukur: "Asim Vokshi". Largësia prej saj në dimër im ponte frikë dhe vuajtje për shkak të borës së madhe që binte. Veshjet tona dhe ushqimi ishin mjaft të dobëta.

Isha mësuar gjatë gjithë fëmijërisë time të dëgjoja se sa padrejtësira ishin bërë në ato anë. Si u nda kufiri, si u mashtruan njerëzit, si mbeti njëra pjesë e familjes në njërën anë të kufirit ndërsa tjetra në anën e kundërt; si u mbyll kufiri, si u hap kufiri, si u mbyll përsëri; si e kalonin atë ilegalisht për të parë njëri-tjetrin ose për të bërë tregti, pasi nuk kishte rrugë tjetër jetese, si vriteshin njerëzit në kufirin shqiptaro-shqiptar etj.

E në atë atmosferë, gëzimi i shokëve dhe shoqeve të mia ishin mësuesit tanë, një grup djemsh e vajzash, disa nga fshati dhe krahina, por shumica prej tyre nga Shkodra. Këta të fundit sillnin një kulturë dhe qytetari të lavdërueshme aq sa qyteti i tyre i bukur. Midis tyre dua të veçoj zotni Muhamet Secin. Ai ishte mësuesi i bibliotekës i cili sapo mësuam alfabetin e gjuhës shqipe na "imponoi" shumë shpejt dhe na e futi dëshirën për leximin e librave. Një nga metodat e tij ishte vënia në garë midis nxënësve se kush lexonte më shpejt e më shumë. Për këtë ai kishte vënë një tabelë në murin e "bibliotekës" ku i shënonte emrat e nxënësve që lexonin, sa libra kishin lexuar, kush e kishte kthyer librin më parë, pasi e kishte lexuar? Kjo bëri që të nxitej një dëshirë e cila më shoqëroi tërë jetën si mua edhe disa shokë të fëmijërisë time. Më pas, mbase nga të ushtruarit e leximit në vitet 1964, 1965, bashkë me dy nga bashkëmoshatarët e mi, u bëmë pjesë e asaj që quhej në atë kohë, "Brigada Kulturore". Kjo e fundit përbëhej prej artistësh amatorë, rapsodë e valltarë, si dhe prej mësuesish të prirur për veprimtari të tilla kulturore nga i gjithë rrethi i Tropojës. Ne kalonim gjatë periudhës së verës fshat më fshat të Malësisë së Gjakovës. Më interesantet ishin shfaqjet që jepnim në vijën kufitare me Kosovën, e sidomos në pikat e reparteve ushtarake kufitare të cilat ngjallnin frikë, simpati, por edhe hamendje të çuditshme. Matanë çdo poste tonën kufitare, vetëm disa metra larg ishte posta kufitare jugosllave.

Unë recitoja një vjershë të Llazar Siliqit:

"Adriatiku qesh,
Valet e tij përkëdhelin bregun lehtë me dashuri,
Asht vendi jem,
Asht vendi jem,
Shqipnija!"

Kur e recitoja më dukej sikur sfidoja ushtarët matanë kufirit të cilët na vështronin nga pika e tyre e lartë e vrojtimit jugosllav. Kështu lindi dhe u kultivua një dëshirë për lexim që e mbaj gjallë edhe sot.

MBu: Në karrierën tuaj diplomatike keni qenë promovues sistematik i "Proud to be Albanian" çfarë ju ka bërë të pohoni me kaq krenari kombësinë tonë?

MBe: Një prirje e tillë, të cilën them se e zhvillova në vitet kur rashë në kontakt me botën jashtë Shqipërisë, mendoj se u kultivua nga mësimet që kisha marrë në familje. Që në fëmijëri ndjehesha krenar për identitetin tonë. Një ndër kultivuesit e këtij identiteti ishte lahutari Xhem Coli. Ai iu këndonte me lahutë kreshnikëve me një zë shumë të bukur dhe epik. Më qëllonte që të paktën dy herë në jave ta dëgjoja zerin e tij tek këndonte:

"Hej, fort po shndrit njaj Diell e pak po nxe, Ç'po e merr era Rrapin e Jutbinës!"

Pastaj vazhdonte me Mujon e Halilin, me Ajkunën e me Omerin, me Dizdar Osman Agën dhe Bajlozin e Detit. Unë i strukur diku në fund të Odës së Madhe të Burrave dëgjoja rrëfimet për trimat e Malësisë së Gjakovës, për Col Delinë, Ali Ibrën, Cucë Avdylen, hallën e babit tim malsoren, Zylë Hysenja, etj. Oda e Burrave ishte një qendër mësimi, edukimi dhe përgatitje brezash me ideale patriotike. Këtu formohej njeriu, jo ai "i riu" por patrioti, atdhedashësi. Këtu mësohej edhe se çfarë është familja dhe nderi i saj, çfarë është krahina dhe kombi! Kjo ishte një bazë e mire për të mësuar më vonë dhe zgjeruar njohuritë që t'ju bëheshin të njohura edhe të tjerëve, si besa shqiptare, mikpritja, gjuha e bukur dhe e veçantë, toleranca fetare, heronjtë tanë me famë botërore si Skënderbeu. Më pas mësova rolin që luajtën shqiptarët në çlirimin e Greqisë nga zgjedha turke dhe kontributin e Marko Boçarit dhe Bubulimës; për Muhamet Ali Pashën e Kavallës në formimin e shtetit modern të Egjyptit; Francesko Krispin dhe arbëreshët që luajtën rol kyç në unifikimin e Italisë.

Të gjithë këta elementë gërshetoheshin në një atdhedashuri shqiptare e cila plotësohej me emra të rinj deri tek Shenjtorja jonë, Nënë Tereza.

MBu: Diplomacia zbuloi tek ju intelektualin patriot të devotshëm, studiuesin dhe historianin, artistin dhe inicuesin e disa akteve të bukura artistike; A mundeni të na zbuloni si ndodhi ky reaksion zinxhir, apo mos ndoshta të gjitha këto kualitete njerëzore krijuan diplomatin e rrallë shqiptar Berisha?

MBe: Së pari, nëse dikush vlerëson tek unë patriotizmin, më duhet t'i them se këtë virtyt shqiptar e kam përftuar nga një mori faktesh. E para, i lindur pranë kufirit shqiptaro-shqiptar kam pasur që në fëmijëri sindromin e coptimit të padrejtë të territorit të vendit tim, të tokës së të parëve të mi mbetur në dy shtete, në afërsinë gjeografike me njerëzit e gjakut dhe "largësinë kozmike" (edhe pse vetëm disa kilometra larg njëri-tjetrit), të njerëzve të mi të dashur. Ideja e ndarjes së padrejtë krijonte një ndjesi të fortë antagoniste ndaj padrejtësisë që i ishte bërë vendit tim, me coptimin e tij. Unë kisha lindur në tehun e asaj thike ndarëse të vendit tim dhe e ndjeja therjen e dhimbshme të saj, çdo ditë dhe çdo natë, sa herë njerëzit përmalloheshin për njeri tjetrin, sa herë ata përmendeshin në bisedat e bëra dhe në ngjarje, me kohëra të shkuara dhe me dramën që shkaktonin ngjarjet në të dy anët e kufirit. Gjakova me Tropojën, ku kam lindur unë, janë vetëm disa kilometra larg nga njëra-tjetra. Po si mos të bëhesh patritot dhe si mos të luftosh për vendin tënd të margjinalizuar, copëtuar, vënë nën mundime të padrejta dhe në ndarje organesh jetike? Ndarja e Malësisë së Gjakovës me Kosovën është si të ndash një pjesë të trupit nga pjesa tjetër e pastaj t'i thuash: Jeto po deshe!

Sa i takon studimeve të mia, mendoj se janë frymëzuar nga një këndpamje pak e veçantë. Në historinë e mbijetesës së mundimshme të kombit tonë, përmenden shumë figura të huaja që nga sulltanët turq që merrnin peng fisnikët shqiptarë dhe e pushtuan Shqipërinë. Më pas vijnë fqinjët tanë grabitqarë, sllave, Nemanjët, Knjazët, Karagjergjoviçët e më më vonë Pashiqët, Çebruloviqët, Venezillosi, Zografët, Karapanot, e sa e sa të tjerë. Pushtimi Osman vijon me momente historike të dhimbshme për kombin tonë ndër to Masakra e Manastirit e vitit 1830, Traktati i Shën Stefanit, 1878, Konferenca e Ambasadorëve në Londër, 1913 dhe Traktati i Fshehtë i Londrës, 1915. Në të gjitha këto ngjarje shfaqen emra politikanësh që luajnë me të drejtën e shqiptarëve e nganjëherë bash me ekzistencën tonë. Por në anën tjetër, bota e qytetëruar anglo-saksone, nxjerr nga gjiri i vet intelektualë të shquar, njerëz me botë të madhe, njerëz të ditur dhe të ndershëm, njerëz me ndjesi të larta njerëzore të cilët e thonë të vërtetën për Shqipërinë dhe shqiptarët madje sakrifikojnë deri në flijim. Ka shumë shëmbuj për këtë dhe historiografia jonë ka ende shumë punë për të bërë që t'i zbulojë ato dhe ti bëjë të njohura edhe më shumë. Në këtë kozmos vlerash të mëdha njerëzore të shfaqura dashamirësisht ndaj popullit tonë unë zgjodha të vendos në pah disa prej tyre: Shkrimet e udhëtarevë të National Geographic Magazine, jetën e Charles Telfors Erickson kushtuar Shqipërisë dhe shqiptarëve, Herman Bernstein, Ambasadori Amerikan në Mbretërinë Shqiptare, 1930-1933, "*Realitete Shqiptaro-Britanike*", jetën e parlamentarit britanik Aubrey Herbert dhe Edith Durham, Noel Malcom dhe Robert Elsie Edith Pierpont Stickney, për të përmendur vetëm disa prej tyre.

Në përgjithësi vepra ime ka për qëllim të kundërveprojë jo me parrulla por me fakte ndaj veprës së shëmtuar enveriane "*Rreziku Anglo-Amerikan për Shqipërinë*" si dhe ndaj apologjive të asaj vepre të cilët edhe sot, në një mënyrë shumë perfide e demonizojnë botën perëndimore për qëndrimet ndaj Shqipërisë kur në fakt po të marrim dy shembuj të historisë kjo bie poshtë menjeherë: E para ishte amerikani Willson që e shpëtoi Shqipërinë nga disintegrimi në Konferencën e Paqës në Paris, 1919 dhe një vit më vonë ishin anglezët Aubrey Herbert, Lordi Balfour dhe Robert Cecil që e antarësuan Shqipërinë në Lidhjen e Kombeve më 1920. Habitshmërisht, edhe sot këto të vërteta trumpetohen nga ata që i kanë fshehur në mos mallkuar ata ose devijonë arsyet se përse ata e ndihmuan Shqipërinë. Vepra e Ericksonit "*Shqiptarët-Enigma e Ballkanit*" me 56 artikujt e vet dëshmon më së miri trajtimin shkencor të prejardhjes dhe kontributit të shqiptarëve në mbrojtjen e vetvetes, identitetit kombëtar dhe ekzistencës por nga ana tjetër edhe në kontributin e madh që i kemi dhenë trashëgimisë kulturore të mbarë njerëzimit.

Në lidhje me zinzhirin e veprimtarive promovuese për shqiptarët dhe Shqipërinë, mendoj se mundësia e rrallë që m'u dha për të kontribuar në një fushë shumë të rëndësishme të veprimtarisë njerëzore të një shteti; pra në shërbimin diplomatik, kërkonte një angazhim shumë të madh bazuar në një platformë të qartë të menduar mirë dhe të zbatuar medoemos edhe në kushtet kur nuk kishim as mundësitë minimale sidomos ato financiare. Deviza ime ka qenë dhe mbetet: "I zoti është ai që bën të pamundurën, të mundurën e bën çdokush".

Nëse njeriu rehatohet në një kolltuk komfort diplomati, pin puro dhe verë të mirë dhe mediton se si mund të bëjë diçka të madhe, të bukur, të rëndësishme por që duhet një buxhet po ashtu i madh, në rrethanat e Shqipërisë; të paktën gjatë kohës kur kam shërbyer unë, nuk do të arrijë kurrë të bëjë diçka më të madhe sesa atë që bëjnë tërë njerëzit e zakonshëm. Por ne nuk kemi ardhur në këtë botë thjesht si qenie biologjike që bëjmë vetëm atë që natyra na ka dhënë ose që i ka dhënë njeriut biologjik të zakonshëm. Duhet të bëjmë shumë. Me vullnet arrihet çdo gjë.

Kjo ka qenë motoja që më ka shtyrë të bëj një promovim të veçantë të vendit tonë, në forma të ndryshme. Për shembull në Stamboll në vitin 1995, kur mundësitë financiare të shtetit tonë ishin thuajse zero, në qendrën më të madhe kulturore turke "Ataturk" në Stamboll u organizua Java e Kulturës Shqiptare, me pjesëmarjen e Teatrit të Operas dhe Baletit dhe Galerisë Kombëtare të Arteve. Atu morën pjesë artistë të skenës dhe të arteve figurative nga Shqipëria dhe Kosova.

Për pesë vitë rrjesht drejt Stambollit udhëtuan në atë kohë artistë shqiptarë të shquar, muzikantë, këngëtare lirikë, piktorë, sikundër edhe artistët turq me origjinë shqiptare zbuluan identitetin e tyre. Këta të fundit ishin emblemat e artit modern turk si Emel Sayen dhe Baris Manço. Nga ana tjetër u organizuan udhëtime të artistëve turq drejt Shqipërisë sidomos në fushën e arteve figurative.

Më vonë kjo veprimtari u intensifikua dhe u zgjerua edhe më shumë në Londër në atë që njihet me etiketën "*Notes On Albania*", në një varg veprimtarish të jashtëzakonshme, të cilët kapën shifrën 140 në një hark kohor prej 1358 ditësh. Sopranot më të dëgjuara shqiptare në botë si Ermonela Jaho, Inva Mulaj, Arlinda Morava dhe violinstja Alda Dizdari debutuan në Londër në sallat më presitgjioze.

Ndërkohë autorë të famshëm bashkëkohorë që shkruajnë për Shqiptarët si Noel Malcolm, Henry Eire, Peter Johnson dhe Roksanna Panufnik u bënë miqtë e ambasadës dhe shkruan vepra për ne shqiptarët që do të mbeten në analet e shkruara për ne në tekst dhe në nota muzikore. E tërë kjo punë në fakt i shkonte për shtat filozofisë bashkëkohorë të filozifit amerikan Joseph S. Nye Jr., të njohur tashmë si Soft Power.

Për shumë kohë kisha vepruar pa e njohur atë filozofi por kur rashë në kontakt me veprën dhe më vonë edhe me vetë profesorin e Kennedy School of Government, mësova shumë nga kjo teori e cila predikon se:

Fuqia e Butë është mjeti me të cilën mund t'i tërheqësh popujt e tjerë ndaj kulturës, artit, virtyteve, historisë, idealeve politike dhe vlerave njerëzore të vendit që përfaqëson. Kjo Fuqi buron nga aftësia për të tërhequr dhe bindur të tjerët me mjete të buta, tërheqëse, ndryshe nga ç'bën Fuqia e Fortë, e cila ka prirjen për t'i detyruar dhe bindur të tjerët nëpërmjet të forcës ushtarake ose

37

ekonomike të një vendi të madh. Prej kësaj teorie rrjedh edhe veprimtaria e gjërë e organizuar gjatë periudhës pas daljes në lirim, ose më vonë edhe në pension. Të tilla janë: Leksionet në YIVO Institute of Jewish Research në New York, Kennedy School of Government në Cambridge, Boston, Viena Diplomatic Academy në Vjenë, Geneva School of Diplomacy në Gjenevë, Muzeu Historik Kombëtar në Tiranë, Selia e Federatës Pan-Shqiptare Vatra në New York, Fondacioni "Ivanaj" në Tiranë, Akademia Diplomatike e Ministrisë së Punëve të Jashtme të Republikës së Kosovës, në Prishtinë, Universiteti "Nanë Tereza" në Shkup, prezantime brenda Ambasadës Amerikanë në Londër dhe i asaj Britanike në Tiranë; prezantimi në Regent University në Londër i librit *"Naltësimi i Iskanderit"* etj. Të gjitha këto kanë pasur si qëllim njohjen e botës perëndimore me vlerat e kombit shqiptar. Prezantime të tilla janë të gjitha të bëra me projeksion dhe ilustrime ku spikatin vlerat më të bukura të kombit tonë. Në mënyrë të veçantë vendosja e bustit të Skënderbeut në Londër dhe në Munxhufuni të Rajonit Molise të arbëreshëve të Italisë. Sot ai bust në Londër përfshihet në Hartën Google orientuese të Londrës Metropolitane.

Konstatimi juaj se të gjitha këto "krijuan diplomatin e rrallë shqiptar Berisha" mbetet të çertifikohet prej lexuesve tuaj dhe mua më len pa fjalë. Me gjithë skepticizmin tim, nëse jam i tillë apo jo, më ledhaton në një farë mënyre dhe meriton falemnderime për cilësimin tuaj.

MBu: Le t'i kthehemi në mënyre konçize botimeve tuaja, asaj marathone ngjarjesh që shpalosen aty por mbi të gjitha atyre personazheve historikë që flinin nëpër padijen tonë?

MBe: Historia e popullit tonë është e regjistruar nga pena shumë të forta të njerëzimit e veçanërisht atë të botës anglo-saksone. Me mundësitë e mia modeste duke mos qenë një studjues në payroll por thjesht një hulumtues i pasionuar, jam munduar të sjell në disa botime për tema të ndryshme të diplomacisë, historisë, kulturës, antropologjisë etj, siç janë "*Shqiptarët, Lisat mbi truallin Ilir*", "*Shqiptarët, Evropianët më të Lashtë dhe më të Rinj*", "*Charles Telford Erickson, Amerikani që i kushtoi jetën Shqipërisë*" në tre vëllime; "*Herman Bernstein, Ambasadori i SHBA në Mbretërinë Shqiptare, 1930-1933*" në shqip dhe në anglisht; Librin "*Realitetet Shqiptaro-Britanike*". Po ashtu janë një seri e gjatë artikujsh të kësaj natyre të cilat gjënden në website-in tim personal. Por më pëlqen të përmend edhe përkthimin e dy librave shumë të rëndësishëm për Shqipërinë dhe shqiptarët: "*Shpëtimi në Shqipëri*" të autorit Harvey Sanver dhe novelën artistike të Benjamin Disraelit "*Naltësimi i Iskanderit*" si dhe raportin përfundimtar të Komisionit të përcaktimit të kufijve të Shqipërisë, lëshuar në Gjenevë, më 6 prill 1923 nga kreu i atij komisioni, Jakob Johannes Sederholm.

MBu: Zoti Berisha, a ekzistojnë disa momente të historisë Shqiptare të cilat i sollën asaj kthesa të mëdha, ndryshime të domosdoshme dhe shpresë për prosperitet?

MBe: Historia e kombit tonë ka shumë kthesa të mëdha që kanë të bëjnë direkt me ekzistencën tonë. Megjithatë si bashkëkohës i ngjarjeve më të mëdha të periudhës së jetës time, do të veçoja Lëvizjen Studentore në vititn 1990 dhe shembjen e diktaturës komuniste. Pas kësaj për mua, ngjarja më e madhe është antarësimi i Shqipërisë në NATO dhe paralel me këtë çlirimi dhe pavarësimi i Kosovës nga regjimi serb si një hap i sigurt drejt bashkimit të kombit shqiptar në një shtet të vetëm.

MBu: Diplomacia shqiptare mbetet përherë e brishtë për dhjetra arsyje, cili është vlerësimi, mendimi apo dhe sygjerimet juaja për të.

MBe: Mendoj se; së pari diplomacia nuk është një koncept abastrakt dhe një fetish në ajër. Baza e shërbimit diplomatik më së pari janë burimet njerëzore. Ky është edhe aseti kryesor i cili vepron brenda një shteti të organizuar i cili ka një politikë të brendshme të caktuar prej së cilës rrjedh edhe politika e jashtme. Pastaj vijnë objektet, ministria, përfaqësitë dhe mjetet e realizmit të politikës së jashtme. Mendimi im është se nga tërë këto, më të rëndësishmit janë njerëzit. Aftësia e tyre e komunikimit me botën, pregatitja profesionale, patriotizmi dhe dashuria për vendin, njohja shkëlqyeshëm e historisë së vendit tonë dhe vlerave që mbartim, mënyra dhe aftësia se si t'i prezantojnë botës këto vlera, shqetësimet dhe kërkesat që kemi ndaj kombeve të tjera. Aftësia për të bërë miq dhe për t'u bërë atraktivë si në rastin e teorisë së Profesorit Nye është një kërkesë e domosdoshme. Kjo kërkon edhe dhunti, edhe integritet, edhe aftësi, edhe mundësi, edhe përkushtim nga një herë përtej mundësive reale.

MBu: Familja, miqësia, raportet me median janë komponente që ju sjellin pranë realitetit të përditshëm ku shpesh herë dallohet edhe profili në hije i politikanit që do ta kishte aplikuar po aq sukseshshëm edhe politikën, kjo e fundit ka vërtet nevojë për këshillën e URTË tuajën...

MBe: Familja për mua ka qenë jo vetëm "çerdhja" e ngrohtë por edhe motivi i jetës dhe mbështetja ime më e madhe. Ajo ka qenë dhe mbetet e shenjtë dhe baza e çdo suksesi të jetës time. Në rininë time prindërit ishin heronjtë e mi, që sfiduan edhe diktaturën për edukimin tim. Ndërsa kur unë krijova familjen time, ishte po ashtu familja e cila më ndihmoi që ti qasesha çdo rreziku pa frikë dhe të festoja bashkë me të çdo sukses. Donika ime shoqe dhe dy djemtë e mi Erioni dhe Kreshniku e tani edhe mbesa, Andra dhe nipi, Skai, me mamën e tyre, Kreuza, përbëjnë kënaqësinë dhe krenarinë më të madhe të jetës time në moshën që jam sot.

Miqtë, oh po! Miqtë në kuptimin më të mirë të fjalës mbeten ata që nuk na lenë vetëm kurrë. Për fatin tim të mirë, miqtë e mi më të mirë janë ata me të cilët jam njohur në ditët më të vështira për ta dhe për mua dhe që kemi mbetur të tillë tërë jetën. Miqtë e mi janë të disa kategorive. Unë kam miq të dashur nga ata njerëz që i kam njohur në rrethanat e tyre më të vështira. Ndër ta, edhe pse nuk i shoh dot më, mbeten ata njerëz të cilëve iu shërbyem në Stamboll, në rrethanat më të vështira të jetës së tyre. Janë të sëmurët me veshka që trajtoheshin në atë kohë në spitalet turke bazuar në një marreveshje që ishte më shumë një "sadaka" turke sesa një detyrim shtetëror. Por kujdesi ndaj tyre binte mbi neve, punonjësit e konsullatës së asaj kohe.

Kishte mes tyre me insufiçiencë të plotë renale, që veshkat i kishin lënë fare, të tjerë ishin në hemodializë e më pas nga ata, që kërkonin transplant veshkash. Disa

41

vinin me gjak të helmuar nga mosfunksionimi i veshkave dhe shpesh ishin në gjendje thuajse kome. Të tjerë, nga hemodializa primitive në Tiranë, kishin përfituar edhe sëmundje të tjera infektive, si hepatitet virale të llojeve të ndryshme. Në shumë raste proçesi i shtrimit në spital zgjaste dhe e para gjë që duhej të bënim ishte t'i strehonim deri sa të sistemoheshin.

Të merrje në shtëpi njerëz të tillë të panjohur me infeksione të tilla, edhe pse vinin nga vendi ynë, e aq më tepër që ne kishim edhe fëmijë të vegjël, ishte përtej çdo detyrimi zyrtar, por jo edhe përtej detyrimit dhe mirësisë njerëzore. Gjendja e atyre njerëzve ishte mëse e dhimbshme. Shpesh i mbanim, të paktën natën e parë, në shtëpi dhe më pas i vendosnim nëpër spitale. Ky lloj shërbimi human ndaj atyre njerëzve më duket vepra më e bukur që kemi bërë ndonjëherë.

Kategoria tjetër e miqve të mi janë intelektualët më të dashur të kohërave që kur kam dalë në jetën profesionale. Janë artistë të shquar të teatrit, muzikës, arteve figurative lista e të cilëve është shumë e gjatë dhe që vazhdon të mbetet solide edhe sot.

Sa i takon politikës unë mund ta konsideroj vetveten as insider, as outsider në këtë veprimtari të rëndësishme njerzore. Me këtë dua të them se kam qenë shumë pranë politikës pa u bërë një politikan dhe aq larg politikës sa mos të jem i shkëputur prej saj. Në këtë mënyrë kam qenë më shumë një pasonjës sesa një protagonist. E kam vënë vetveten në shërbim të asaj kauze që i kam besuar që ishte "Ta bëjmë Shqipërinë si gjithë Evropa!" por nuk ndjehem pjesë e establishmentit politik. E kam ndjekë atë Yll Polar në tërë veprimtarinë time ndërkohë që kam kontribuar me mundësitë e mia, ose të paktën thjesht me shembullin tim personal, që politika të jetë e ndershme, e dashur për njerëzit, e pa korruptuar, e pa implikuar, e pa komprementuar. Nuk mendoj se veprimtaria ime ka patur ndonjë ndikim të qenësishëm në politike, por besoj se me ato që kam bërë i jam shmangur plotësisht veseve apo dukurive që politika injekton tek politikanët ose që politikanët e manifestojnë falë privilegjeve që përfitojnë prej politikës. Megjithatë në raste të caktuara të rëndësishme të jetës, kam qëndruar fort dhe ky qëndrim ka pasur në bazë vetëm interesat e vendit tim.

Përveç miqve të mi të para viteve 90-të, kam patur dhe kam miq të shtrenjtë në të djathtën shqiptare që nga dhjetoristët, me liderin historik të së djathtës, Dr. Sali Berisha, ish-presidentë e deri tek drejtuesit e sotëm.

Sa i takon urtësisë, unë mendoj dhe besoj se një "Këshill i të Urtëve" në politikën shqiptare do të ishte një mundësi për zgjidhje të mençura dhe të favorshme për kombin tonë. Por në situatën tejet të polarizuar të politikës shqiptare, qoftë në Shqipëri, qoftë në Kosovë, koha e të urtëve do të vijë shumë vonë, të paktën jo në të gjallë to brezit tim.

Por megjithë vështirësitë që ka hasur dhe që has përparimi i kombit tonë:

"Se Zoti vetë e tha me gojë
Që kombe shuhen përmbi dhe
Po Shqipëria o të rrojë
Për të, për të luftojmë ne"

Kjo është e shkruar në ADN-në tonë, në Hymnin tonë Kombëtar.

Falemnderit!

FRANK SHKRELI

Frank Shkreli është padyshim një ndër thesaret e komunitetit shqiptaro-amerikan, univers mendimi e gjykimi në gazetari dhe mendimin politik, autor veprash historiko-politike dhe njohës mjaft i mirë i situatës gjeopolitike në Ballkan dhe më gjërë.

Marjana Bulku: Zoti Frank Shkreli ju njiheni në botën shqiptare si gazetar i Zërit të Amerikës, si mund ta përshkruani rolin tuaj si gazetar para viteve 90-të, po pas 90-tës?

Frank Shkreli:

Unë kam filluar punën si gazetar dhe më vonë edhe si redaktor dhe producent në Zërin e Amerikës, seksioni shqip në vitin 1974 deri në vitin 1984. Më pas po tek Zëri i Amerikës, kam shërbyer edhe si shef i seksionit shqip të VOA-s (1984-1985). Nga viti 1985 deri në vitin 1990 kam shërbyer si këshilltar i lartë programacioni në Drejtorinë Europiane të Zërit të Amerikës, duke këshilluar dhe duke ndihmuar qindra gazetarë evropiano-lindorë të gjuhëve të ndryshme, në lidhje me programet dhe gazetarinë, subjektet dhe mbulimin e lajmeve në përgjithësi, drejtuar vendeve ish-komuniste të Evropës Lindore. Ju kujtoj që në këtë periudhë, duhej punuar në kushtet e luftës së ftohtë. Nga viti 1990 deri në vitin 1994 jam emëruar zevendës drejtor i Drejtorisë për Euroazinë në Zërin e Amerikës, ent i cili në atë kohë përfshinte edhe Bashkimi Sovjetik që ndërkohë u shpërbë. Gjatë luftrave ballkanike, nga viti 1994 e deri në vitin 2003 më kanë emëruar dhe kam shërbyer si Drejtor në Drejtorinë e Zërit të Amerikës për Evropën, një ent nga i cili vareshin programet e VOA-s, në nja 20-gjuhë të ndryshme drejtuar Evropës, kryesisht asaj ish-komuniste, përfshirë programet në shqip të VOA-s, por nën mbikqyrjen time kisha edhe disa radio-programe të tjera drejtuar si për shembull, Spanjës, Portogalisë dhe Greqisë, ndër të tjera.

Në vitin 2003 kam dalur në pension pas 30 vjet shërbimi në Zërin e Amerikës dhe jam marrë me shkrime dhe vazhdoj të shkruaj për median shqiptare anë e mbanë trojeve si dhe në diasporë mbi çeshtje dhe subjekte, me të cilat, ata që ndjekin shkrimet e mia modeste, e dinë se mbuloj një seri çështjesh, subjektesh, ngjarjesh dhe personalitetesh, të cilët kam pasë fatin të njihja gjatë dekadave të shkruara, sidomos nga diaspora e vjetër shqiptare, për të cilët shumë pak shkruhet, aq më pak kujtohen, por të cilët kanë merita të mëdha për të gjithë ne.

MB: Një i ri i emigronte në SHBA, kur vendit amë i mungonte liria dhe prek tokën ku liria frymëzonte botën, a mund të na i përshkruani shkurtimisht stacionet e këtij rrugëtimi?

FSh: E vërteta është se nuk ishte një rrugëtim i lehtë për mua, ashtu si nuk ishte i lehtë as për mijëra shqiptarë të cilët ishin detyruar gjithashtu të largoheshin nga Atdheu për të gjetur lirinë dhe një jetesë më të mirë për ta dhe familjet e tyre, e disa prej tyre, si kundërshtarë politikë të komunizmit, ishin detyruar të arratiseshin përball rreziqesh edhe për të shpëtuar jetën nga komunizmi.

Unë kam lindur në Amull, fshat në rrethin e Ulqinit. Shkollën fillore, 8-vjeçaren e kam krye në vendlindje ku mësimet kryeshin në shqip dhe serbisht, si gjuhë e dytë. Shkollën e mesme e kam ndjekur në Seminarin Katolik të Urdhrit të Salezianëve në Kroaci dhe Slloveni në serbo-kroatisht siç quhej në atë kohë, ku mora disa njohuri edhe për disa gjuhë të huaja. Kurse përvetësimi i gjuhës shqipe, e sidomos përvetësimi i gjuhës letrare është meritë e punës studimore autodidakte me fjalor në vitet më vonë, mbas ardhjes në SHBA dhe me ndihmën e shumë njerëzve të mirë me të cilët pata fatin të punoja.

Viti 1969 ka qenë viti i kthesës së madhe për mua dhe familjen time. Atë vit qeveria jugosllave, duke marrë shkas nga demostratat e organizuara në Prishtinë një vit më parë, i shtoi përndjekjet ndaj shqiptarëve anë e mbanë Jugosllavisë. Familjet malësore shqiptare të Malit të Zi deri në atë kohë nuk e njihnin largimin nga vendlindja as në formën e kurbetit dhe as si arratisje. Familja ime e përbërë nga prindërit, dy motrat Drania dhe Tereza dhe dy djemtë unë dhe vëllai Toma, për të shpëtuar nga këto përndjekje, vendosëm ndër të parat familje të atyre anëve, të arratiseshim në Itali. Mbas disa përpjekjesh u realizua ky akt.

Qëndrimi im në një kamp refugjatësh politikë në Itali zgjati një vit. Aty u bë njohja me punonjësit e ambasadës amerikane dhe u mbushën dokumentet. Familja jonë në vitin 1970 u lejua të shkonte në SHBA, aty ku kishte kërkuar. Me të arritur në Amerikë, ne u vendosëm në lagjën Bronks të shtetit New York, për të qenë pranë kishës katolike shqiptare "Zoja e Shkodrës" dhe disa të afërmëve tanë. Unë si 19-vjeçar fillova të punoja që javën e parë, çdo punë që mund të gjëja. Pastaj, pa vonesë, u regjistrova në një kurs mbrëmjeje për mësimin e anglishtes, kurse ditën vijoja të punoja çfardo pune.

Më tej u regjistrova në disa kurse mbrëmjeje në Hunter College në Manhattan dhe Lehman College në Bronx, ku fillimisht u përqendrova në disa kurse për shkencat politike dhe histori. Në verë të vitit 1974, u largova prej familjes dhe u vendosa në Washington DC, ku fillova punën tek Zëri i Amerikës, seksioni shqip. Në kryeqytet edhe pse kisha një punë që më pëlqente dhe krahas punës me orar të plotë si gazetar, u regjistrova në George Washington University, dega Shkenca Politike, me mjaft mundime e sakrifica.

Në Washington DC nuk kishte familje emigrantësh shqiptarë me përjashtim të disa punonjësve shqiptarë të Radios "Zëri i Amerikës". Këta edhe pse ishin në moshë të madhe dhe nga krahina të ndryshme të Shqipërisë, më afruan dhe më mbështetën shumë dhe u bënë si mësues të mij duke më ndihmuar për të përvetësuar më mirë gjuhën shqipe dhe të shprehive radiofonike dhe për t'iu përshtatur më kollaj jetës amerikane të kryeqytetit, për çka unë dhe familja ime u mbetemi përgjithmonë, mirënjohës.

MB: Nga shkrimet tuaja qartazi dallohet një arkiv i pasur më fakte e informacione por edhe personalitete që bota letrare, ajo historike dhe politike shqiptare pak ose aspak i njihte për shkak të izolimit por edhe nihilizmit tendencioz të dirigjuar nga politika apsurde e kohës, si u kristalizua ky raport i juaji me këtë pasuri intelektuale që frymëzon dje, sot, përherë?

FSh: Merita ishte e këtyre personaliteteve shqiptaro-amerikane dhe të diasporës në përgjithësi dhe ishte fati im që i kam njohur, gjatë një periudhe dhe një moshë kur ndoshta kisha më s'shumti nevojë për mësimet, udhëzimet, këshillat dhe përvojën e tyre, shpesh shumë dimensionale. Nuk dua të përmend emra pasi lista është shumë e gjatë, por jam munduar që shumë prej tyre i kam përmendur e kujtuar, me mirënjohje të thellë gjatë viteve, me artikuj dedikuar atyre, jo vetëm për ndihmën dhe këshillat që kam marrë prej tyre, por jam përpjekur të theksoj dhe rolin e tyre historic, ashtu që brezat e ardhshëm të mos harrojnë kontributin e tyre të madh në fushat të shumta të veprimtarisë atdhetare, politike dhe kulturore, gjatë shekullit të kaluar, kryesisht në mërgim. E vërteta është se unë kam pasë fatin e mirë të takoj dhe disa prej tyre edhe të punojë me ta, siç thua edhe vet, ishin njerëz që pak ose aspak nuk njiheshin në atdhe, emrat e të cilëve ishin shlyer nga historia shqiptare sepse konsideroheshin si kundërshtarë të regjimit komunist dhe më keq trajtoheshin edhe si tradhetarë nga regjimi komunist i Tiranës për shkak të "izolimit por edhe nihilizmit tendencioz të dirigjuar nga politika apsurde e kohës", siç thua edhe vet.

Fatkeqësisht, shumë prej tyre mbeten edhe sot të tillë, të shlyer e të harruar nga historiografia shqiptare. Natyrisht, se ishte edhe dëshira ime dhe kurioziteti intelektual për të takuar njerëz të tillë, nga të cilët e dija se do të mësoja shumë gjëra me vlerë, pasi njohuritë e mia në atë moshë; mbi Shqipërinë dhe shqiptarët, ishin mjaft të kufizuara, sidomos njohuria mbi komunizmin kishte shumë për tu dëshiruar. Ishte ndryshe kur lexoje shkrime në anglisht mbi komunizmin dhe ishte krejt ndryshe kur dëgjoje, drejtë për drejtë nga goja e tyre, përvojën e këtyre njerzëve dhe vuajtjet e familjeve të tyre, nën komunizëm. Unë, modestsisht, i kam venë në dukje disa prej tyre, nëpërmjet artikujve të ndryshëm, që në të vërtetë janë botuar gjithandej, kontributin e shumë prej këtyre patriotëve shqiptarë të shekullit të kaluar, pikërisht me qëllimin që, jo vetëm t'i kujtojmë ata, por edhe që, mundësisht, vepra e tyre të shërbejë edhe si frymëzim për të rinj ose të reja shqiptare që mund të lexojë për ta shkrimet që, fatbardhësisht, falë teknologjisë moderne mund të gjënden lehtë në internet.

MB: Le të ndalemi pak te botimi juaj, "Demokracia nuk pret" i cili në këndvështrimin tim është këmbana e një alarmi për shuarjen e demokracisë, po për ju si autor?

FSh: Tre vëllimet e *"Demokracia nuk pret"*, janë një përmbledhje vetëm e 25-30% e shkrimeve të mia që tani mund të kenë arritur mbi 1000 artikuj gjithsej. Shkrimet, siç e dijnë lexuesit e rregullt, kanë përfshirë gjatë viteve, përveç personaliteteve shqiptaro-amerikane e të tjera që përmenda më lart, edhe shumë subjekte dhe tema të tjera që janë afër zemrës time dhe të cilave mund të them se ua kam kushtuar edhe jetën dhe profesionin tim. Me fjalë tjera, vlera të cilat i kam konsideruar si mision të jetës time, për t'i mbrojtur, për t'i promovuar dhe për t'i mbrojtur; mbi të gjitha: demokracia, fjala e lirë, liria e shtypit dhe të drejtat e njeriut, jo vetëm për botën tonë shqiptare të cilës këto vlera njerëzore i janë mohuar për një shekull, por edhe si vlera dhe të drejta që duhen promovuar dhe mbrojtur për mbarë botën.

Është e vërtetë se titulli i vëllimeve I, II dhe III përbën një alarm se Demokracia e vërtetë në trojet shqiptare, sidomos në dy shtetet shqiptare, Shqipëri dhe në Kosovë, këto 30 vjet post-komunizëm, jo vetëm që nuk u vendos kurrë bazuar në thirrjen e studentëve shqiptarë 30 vjet më parë: "E Duam Shqipërinë si e gjithë Evropa!", por edhe paralajmëron se mungesa e një demokracie të vërtetë, kollaj i lë vendin një autoritarizmi personal, siç e shohim sot në Shqipëri. Nëqoftse demokracia e vërtetë nuk merret seriozisht nga politika dhe nga votuesit atëherë ajo zevendësohet me diçka tjetër. Demokracia e vërtetë nuk pret për gjithmonë, boshllëkun e mbush dikush që nuk ia do të mirën demokracisë as zhvillimit të saj në trojet shqiptare.

Kështu edhe po ndodh, fatkeqësisht. Për mua, titulli, *"Demokracia nuk pret"* do të thotë se stili i qeverisjes ndër shqiptarët, sidomos në Shqipëri, por edhe në Kosovë, duhet të ndryshojë patjetër dhe me themel ashtu që të ndalohet migrimi i shqiptarëve nga tokat shqiptare dhe që kjo klasë politike, të cilën me të drejtë ose pa drejtë, e kam kritikuar për 30 vitet e kaluara, ka nevojë që të përqendrohet tek interesat themelore kombëtare e jo tek ato partiake ose tek objektivat politike dhe ekonomike të momentit, siç po ndodhë edhe tani. Për ndryshe do vazhdojmë të kemi një Shqipëri dhe një Kosovë, pjesërisht demokratike ose pjesërisht të lirë, siç janë cilësuar vazhdimisht gjatë viteve në raportet mbi të drejtat e njeriut të Departamentit Amerikan të Shtetit si dhe nga organizata ndërkombëtare të të drejtave dhe lirive të njeriut. Vëllimet I, II dhe III nënkuptojnë për mua se klasa politike ka nevojë për një shkundje të madhe dhe shoqëria shqiptare ka nevojë gjithashtu për një zgjim nga amullia dhe apatia politike, para se të jetë tepër vonë.

MB: Gazetaria juaj aktive përfshin shumë dimensione të informimit, çfarë mesazhi keni për gazetarinë sot në kushtet kur bota e informacionit nuk njeh limit dhe ku e vërteta dhe mashtrimi janë sa larg po aq edhe pranë për shkak të disinformimit?

FSh: Mesazhi im është i thjeshtë: Të thuhet dhe të shkruhet e vërteta! Jam plotësisht dakort me ty, Marjana. Nuk është aspak e rastit se në një botë si sot, ku informacioni nuk njeh limit dhe ku e vërteta dhe mashtrimi janë sa larg po aq edhe pranë për shkak të disinformimit që liria e shtypit, gazetaria e lirë në pëgjithësi, është sot më e kërcënuar se kurrë. Prandaj, sot është më e rëndësishme se kurrë që të mbrohet, të promovohet dhe të fuqizohet shtypi i lirë, në interes të publikut dhe në interes të demokracisë së vërtetë.

Unë kam punuar për 30 vjet për një ent mediatik amerikan ndërkombëtar, Zëri i Amerikës, në detyra të ndryshme me përgjegjësi politike, menaxhuese, redaksionale dhe programore. Si i tillë nuk mund ta largoj veten, as tashti që kryesisht shkruaj opinione, nga përvoja ime prej tre dekadash si gazetar dhe si përgjegjës e drejtor lajmesh e transmetimesh ndërkombëtare për audienca, kryesisht, të kapura nga propaganda komuniste e asaj kohe. Zëri i Amerikës, si asnjë ent tjetër mediatik në botë, ka vepruar dhe vepron, gjithnjë, bazuar në një ligj të vitit 1976, i cili përcakton që të gjitha transmetimet qeveritare duhet t'u përmbahen standarteve strikte mediatike, për të cilat mbështetësit e shtypit të lirë thonë se janë thelbësore për të qenë një burim i besueshëm lajmesh për audiencat ndërkombëtare. Ishte detyra ime si përgjegjës dhe drejtor programesh të mbroja, pothuaj me fanatizëm, ligjin sipas të cilit Zëri i Amerikës, të shërbente si burim i besueshëm dhe autoritativ lajmesh dhe informacioni, që lajmet të ishin të sakta, objektive dhe të shumanëshme. Që programet në të gjitha gjuhët të pasqyronin në mënyrë të balancuar dhe të gjithanëshme idetë dhe institucionet më të rëndësishme të Shteteve të Bashkuara. Në Kartën e Zërit të Amerikës thuhet se pasqyrimi i politikave amerikane duhet të transmetohet në mënyrë të qartë dhe të efektëshme, përfshir debatet apo opinionet rreth këtyre politikave. Mesazhi im: e Vërteta dhe Besueshmëria janë tepër të rëndësishme për një shtyp të lirë. Shtypi i lirë është, jetik për një shoqëri demokratike si dhe për zhvillimin e saj në çdo lami. Kur nuk thuhet e vërteta, humbet besueshmëria, pa besueshmëri, më mirë t'i vemë çelsin entit mediatik ku punojmë dhe të shkojmë në shtëpi e të merremi me diçka tjetër!

MB: Sa peshë ka liria në profilin e gazetarit, apo intelektualit dhe duke qenë se jeni formuar në një vend ku liria nis nga rregulli cili është mendimi i juaj për politikën shqiptare?

FSh: Pa dyshim se liria për gazetarin është alfa dhe omega e gjithçkaje, e profilit të tij ose të saj, po se po, e punës dhe natyrisht, pasqyrohet patjetër edhe në produktin përfundimtar të gazetarit. Përgjigja ime ndaj pyetjes për mendimin tim mbi politikën shqiptare që më është bërë shpesh në intervista të shumta, fatkeqësisht, kurrë nuk më ka bërë miqë në radhët e politikës shqiptare, përkundrazi.

Unë kam menduar gjithnjë se problemet e demokracisë në Shqipëri, ose "antagonizmat politike" siç i quajnë disa, janë rezultat i trashëgimisë së kaluarës së tmershme komuniste. Elita e sotme politike në Shqipëri, qoftë ajo qeveritare, shtetërore, udheheqës partishë, deputetë, drejtorë e udheheqës të ndryshëm instituesh, akademishë e entesh të ndryshme deri edhe drejtues të mediave, në mos të gjithë, atëherë shumë prej tyre janë pjedhë e një klase që dikur ka mbajtur gjallë regjimin diktatorial të Enver Hoxhës. Në këte kuptim, mund të thuhet se ishin normale zhvillimet politike të 30 viteve të fundit. Por kjo normale është abnormalitet për Shqipërinë e sotme dhe të nesërmen shqiptare, të krahasohet me zhvillimet në shumicën e vendeve ish-komuniste të Evropës. Antagonizmi ose më mirë të themi ngërçi aktual politik rrjedh dhe ushqehet, natyrisht, nga kjo elitë që kryesisht është rritur dhe edukuar në komunizëm.

Dihet se komunizmi shqiptar ushqente një frymë mos-tolerance të pa kompromis ndaj kundershtarëve, deri në zhdukjen e tyre fizike dhe nuk ishte një sistem që inkurajonte dialogun e bashkpunimin midis njerezëve me mendime të ndryshme, për të mirën e përbashkët.

Fatkeqësisht, fryma e mos kompromisit të ishregjimit komunist, vihet re kudo në shoqërinë shqiptare nga parlamenti e deri në stdudiot televizive, ndërkohë që të ulurit në tryezë për të diskutuar për zgjidhjen e problemeve, për të mirën e përbashkët dhe për tu përballur me sfidat që afektojnë të gjithë duket se nuk është në modë. Ky polarizim politik, që siç duket nuk ka të ndalur midis palëve kryesore politike, për fat të keq, mund të keqësojë edhe mëtej situatën politike edhe ashtu të acaruar dhe mund të prekë edhe gjendjen ekonomike të vendit, duke shkaktuar kështu edhe emigrimin në masë, sidomos të rinjve, duke zbrazur vendin nga njerëzit më të mirë të Kombit. Shpresa ime është për një gjeneratë të re për ta nxjerr vendin nga ky ngërç politik, para se të bëhet tepër vonë, dhe u takon votuesve shqiptarë të mbajnë përgjegjës elitën e sotme për gjëndjen e krijuar politike dhe ekonomike që e ka çuar vendin në një greminë, fundi i të cilës nuk shihet.

MB: A mund të na rrëfeni sekretin e ruajtjes gjallë të gjuhës shqipe dhe lidhjes së fortë me të edhe pse disa dekada larg atdheut?

FSh: Me të thenë të drejtën, nuk ka ndonjë sekret të madh. Interesimi personal, kurioziteti intelektual dhe ndihma e pa kursyer e njerëzve të mirë. Në këtë pikë, më shumë në zhvillimin e gjuhës shqipe se në ruajtjen e saj më kanë ndihmuar disa prej atyre personaliteteve të diasporës shqiptare që përmenda më lartë, përfshir Ernest Koliqin gjatë qëndrimit tim në kampet e refugjatëve në Itali, i cili më dhuroi disa prej librave të tij në vitin 1970 në Romë, Dom Prenk Ndrevashaj, i cili më pasuroi me Lahutën e Malësisë dhe vepra të tjera të Fishtës, gjithashtu gjatë qëndrimit tim në Itali, si refugjat. Me të ardhur në Amerikë, ishte Mons Zef Oroshi i cili më dha mundësi për të ndihmuar në përgatitjen dhe botimin e revistës

"Jeta Katolike" dhe të tjerë patriotë të komunitetit që mu gjënden pranë në atë kohë. Për fat tim të keq, unë nuk pata kurrë rastin të studjoja shqip në nivel universitar dhe as në shkollë të mesme. Vetëm 8-vjeçaren kisha bërë shqip, përzier me serbo-kroatisht.

Por gjuha ime shqipe vërtetë u përmirësua dukshëm pasi fillova punën në seksionin shqip të Zërit të Amerikës në vitin 1974. Ishte aty që hodha hapat e para serioze me ndihmën e disa veteranëve të gazetarisë shqiptare, sidomos Xhevat Kallajxhiu, botues i gazetës Demokracia në Gjirokastër para Luftës dhe më vonë Kryeredaktor i Diellit në Amerikë. Ishte Xhevati dhe kolegët e tij që i gjeta në Zërin e Amerikës, ata të cilët u munduan të përsosnin gjuhën time shqipe, megjithëse jam tepër i vetdijshëm për mungesat e mia në këtë fushë, sot e kësaj dite. Atyre u takon merita edhe për urimin që më bëri shkrimtari, poeti dhe politikani, z. Besnik Mustafaj me rastin e promovimit të tre vëllimeve *"Demokracia nuk pret"*, dy vjet më parë në Tiranë:

"Gjuha e Frank Shkrelit është shumë e pastër nga fjalët e huaja se sa shumë nga gazetarët që kanë lindur, shkolluar, jetojnë e punojnë në Shqipëri. Ky është një shembull për të gjithë ne" ka thënë me atë rast, zoti Mustafaj. Urim dhe përshëndetje më të mirë nuk mund të prisja nga një njeri i njohur i letrave shqip!

Shumë Faleminderit, Marjana!

IRIS HALILI

Iris Halili mund të konsiderohet një gravitacion gjykimi e mendimi në botën shqiptaro-amerikane, me një mprehtësi gjykimi e mendimi, një prurje e domosdoshme midis dy realiteteve këtej dhe andej oqeanit

Marjana Bulku: Zonja Iris, ju e keni lënë Shqipërinë në vitin 2009. Çfarë do të thotë për dikë që ka invenstuar aq shumë intelektualisht ta nisë jetën në një tjetër vend?

Iris Halili:
Historia e ardhjes sime në USA është më shumë një imponim i fatit sesa një zgjedhje e shumë kërkuar. Në vitin 1994 pasi përfundova me medalje ari studimet në Fakultetin e Letërsisë, Fakulteti Histori Filologji u emërova pedagoge e Letërsise Moderne po aty. Ishte realizimi i asaj që unë kisha ëndërruar përpara se të hyja në fakultet, vite kur babai im mjek përpiqej të më mbushte mëndjen të studioja mjekësi, por unë ndoqa pasionin e letërsisë pasi e dija që do shkëlqeja në këtë degë te cilën e kisha dhe e kam vërtet për zemër. Në vitin 1996 një mikja ime e ngushtë që kishte ardhur në NY, SHBA më ofron mundësine të vija këtu me studime masteri në kuader të projekteve për Europën Lindore, studime që ajo vete kishte mundur t'i realizonte. Unë nuk e mora seriozisht

në konsideratë këtë ftesë pasi në atë kohë nuk mendoja
të vija në Amerikën që më dukej shume e largët. Aq e
vërtetë është kjo sa edhe kur mu dha mundësia të zgjidhja
një qytet të botës për të studiuar në kuadër të bursës një-
vjeçare që fitova si ambasadore e Rotary Club për vitet
1999-2000 unë zgjodha Romën (Italinë) dhe jo SHBA.
Ishin vite të bukura për Shqipërinë fillimet e viteve 90-të
, ishin vite me shpresë, me idera utopike dhe optimiste
për një Shqipëri për të cilën të gjithë mendonim se shumë
shpejt do të bëhej si gjithë Europa.

Por sikur sygjerojnë teoritë e fateve, çfare do të
besh nuk i shpëton dot destinit tënd të shkruar. Në vitin
1998, babai im më thotë, "Provoje dhe ti fatin e llotarisë
amerikane moj bijë". Kështu në vitin 1999 unë e fitova
Green Card dhe ardhja ime në SHBA u nis si për të
provuar fatin. E konsiderova këtë shanc për gati 9 vjet
si një vizë turistike që më sillte shpesh tek vendi i parë i
botës, por pa menduar se do jetoja në të, ndonëse djali
i vetëm kishte lindur këtu. Por ja që në 2009 erdha ku
destini kishte vendosur tashmë. Nëse në 1998 applikova
jo se nuk shihja shpresa tek vendi im, në 2009 ika pa
pasur ndonje iluzion se ai po përparonte me hapet që ne
kishim ëndërruar; ika me shpresa të vrara. Une isha 37
vjeç kur lashë vendin. Jo shumë e re për ta nisur nga hici
por jo aq e vjetër për të mos patur ambicje vazhdimësie.
Emigrimi kudo të jetë është një aventurë e njerëzve të
guximshëm, pasi ne dimë se çfarë lëmë por ne nuk dimë
se çfarë gjejmë. Çështja është se kur shkon vizitë turistike
në një vend të huaj apo jeton dy a tri muaj atje, njeriu
njeh vetëm majën e ajsbergut të kulturës së vendit mik,
atë anë të dukshme dhe që në përgjithësi është eksituese,
por kur fillon dhe jeton, atëherë ndeshesh me dy anët e
tjera të ajsbergut kulturor që antropologu Eduard Hall do
t'i quante pjesën e padukshme kulturore dhe bërthamën
kulturore. Janë pikërisht këto dy anë të panjohura të

kulturës së vendit mikpritës që e bëjnë emigrimin shumë të vështirë. Kultura që ne mbartim që kur lindim së bashku me gjuhën që ne flasim përbëjnë shumatoren thelbësore të asaj si ne reagojmë apo realizojmë vetveten në një mjedis si të njohur si të panjohur. Të emigrosh do të thotë të shtypësh dhe ndrydhësh pak nga pak forma të kultures tënde dhe të fillosh të reagosh sipas kulturës/ kulturave dominuese të vendit mik, dhe kjo është pak a shumë hapi i parë që të bën të mbijetosh larg vendit tënd. Këto "shtypje" nëse do të përdornim këtu gjuhën Frojdike, janë eksperienca të provuara prej çdo emigranti.

MB: E integruar më së miri në jetën amerikane a mund të na përshkruani këtë proces parë nga prizmi personal?

IH: Emigrimi të le mundësinë të zgjedhësh një nga tri rrugë: Ose do të asimilohesh, ose do të margjinalizosh, ose do të integrohesh. Asimilimi është qesharak dhe nëse do të duhet të dallojmë një emigrant të tillë pikasim ata indvidë që hiqen sikur kanë ardhur nga një planet tjetër. Këta besoj unë kanë edhe neurozat më të larta pasi është krejt e pamundur të përthithësh kulturën e vendit mik deri në bërthamë apo të "shtypësh" në maksimum kulturën tënde pa pësuar apo provuar një stres të brëndshëm. Nga ana tjetër margjinizuesit janë ata që përcëmojnë vendin mikpritës nga mëngjesi deri në mbrëmje. Edhe këta janë në dramë neurotike pasi janë as këndej as andej dhe bëhen të besdisur jo vetem me veten por dhe me të tjerët rreth e qark, pasi edhe ata vetë nuk i besojnë ata që thonë dhe mbi te gjitha edhe po të shihet në aspektin etik apo moral nuk funksionon asnjëherë të urresh mjedisin ku pi ujë, pasi asnjëri nuk të ndalon të kthehesh atje ku uji të duket më i pastër dhe njerzit më të mirë.

Une mendoj se integrimimi është edhe hapi më i arrirë që duhet të realizojë çdo emigrant dhe besoj se integrim do të thote adaptim me kulturën vendase por pa përjashtuar as kulturën tënde. Në procesin e integrimit transferojmë natyrshëm kulturën e vendit nga vijmë por njëkohësisht përpiqemi të adaptohemi me kulturën ku jetojmë dhe punojmë pa mohuar dhe përjashtuar vlerën e asnjërës, pasi nuk ka kulturë të mirë apo të keqe, ka vetem kulturë që e kuptojmë apo jo. Këtu do të shtoja se për një emigrant në SHBA integrimi nuk është më pak i vështirë se një vend tjetër. E di që kjo do të duket paradoksale, por le të marrim një shembull që besoj do tju bind. Çështja është se emigrantit nuk ja lehtësojnë jetën aq shumë ligjet antiraciste dhe gjithëpërfshirëse të qeverive sesa kontakti i përditshëm me njerzit. Kjo do të thotë se duke qenë një vend ku jetojnë qindra kultura, sapo del nga dera do të ndeshësh jo me një kulturë por me gjithçfarë lloj kulturash që kanë emigruar këtu. Kjo të con në konkluzionin se "shtypja" e kulturës mëmë dhe konflikti mes kulturave tek një emigrant që jeton në SHBA është shumë më i madh se e një tjetri që jeton fjala vjen në Greqi. Mua më qëllon të punojë me më shumë se 15 kultura të ndryshme dhe të ndaj mënyrën si shpreh mendimin në forma të ndryshme pasi ajo që quhet normë për amerikanët nuk është për latinot, apo zezaket apo aziatikët. Dhe i gjithë ky adaptim është në veprim 24/7 në çdo ditë të vitit, jetës, punës, shoqërimit, komunikimit, etj.

Nga ana tjetër duhet thënë se ka dy kategori emigrantësh, ata që kanë emigruar duke lënë një të shkuar të arrirë në vendin amë dhe ata që nuk e kanë lënë një të tillë. Kur emigron ti sjell me vete gjithë cke qënë, por drama që përjeton në fillesat e emigrimit është se ti duhet të njehsohesh si gjithë emigrantët e tjerë packa se çfarë ti apo ata përfaqësoni individualisht!! Kështu që rrjedhimisht të duhet shumë punë, investim tek vetja dhe familja apo vite shkolle dhe rritje profesionale që të imponohesh në realitetin e ri. Çdo gjë që ke bërë më parë është në letra e respektuar, por vetem kaq.

Integrimi është proces i gjatë që nuk rresht kurrë dhe të suprizon në çdo çast. Sikur fëmija që çdo ditë që rritet mëson dicka të re edhe emigranti sa më shumë jeton në një kulturë tjetër ndeshet me dicka të re krejt të paditur më parë. Emigranti është kështu një adult që kur emigron i duhet të ripërsëris në një farë mënyre procesin e fëminisë së tij pasi çdo ditë i duhet të mësoje dicka të re nga kultura e vendit mikprites apo kultura e njerzve përreth. Sot flitet apo vlerësohet por edhe anatemohet shume globalizmi, por në thelb çdo emigrant nuk është gjë tjetër vetëm se një globalist që në momentin që ka vendosur të ndërtojë jetën e tij përtej asaj ku është rritur, vendos t'i bashkojë/pranojë kulturat dhe jetojë mes tyre në harmoni. Globalizmi është pranim, afrim, sheshim por edhe shtypje se nuk mund të pranosh tjetrin por nuk hoqe pak nga vetja. Unë mendoj se kjo botë e sheshtë në të cilën po jetojmë do i afrojë njerzit më shumë se çdo kohë e mëparshme dhe mendoj se kështu si po ndërtohen hapjet mes kulturave dhe vendeve emigranti i pas 100 viteve nuk do i ketë më vecoritë e emrit që sot e përcakton si të tillë.

Ndërkohë pyetjes a kam bërë mirë që kam emigruar, do ti përgjigjesha pozitivisht, pasi unë mendoj se në SHBA konkurrenca funksionon në një hapësirë më të madhe se në Shqipëri, ose të paktën krahasuar me si po funksionojnë gjërat së fundmi atje. Si rezultat edhe mundësitë individuale në SHBA janë më të mëdha. Plus komoditetet, mundësitë dhe dijet që të ofron jeta këtu janë padiskutim më të arrirat në botë, kështu që edhe shpresat duket sikur nuk vdesin kurrë.

Duhet pranuar se ne këtë jetë gjithkush lufton me të përditshmen, dikush për mbijetese fiziologjike, dikush për atë psikologjike e dikush për atë të vetëafirmimit personal, seicili sipas fatit të tij, llojit të tij apo zgjedhjes së tij. Unë mendoj se plotësimin final në jetë nuk ta jep vetem vendi ku jeton por më shumë ajo cka çdo njeri ka ndërtuar apo ndërton brenda vetes, ka vendosur në raportin me veten, të tjerët dhe botën e jashtme si dhe sa mundohet ti shmanget faktorëve determinues që tentojnë të pengojnë progresin e tij personal.

MB: Iris, studente ekselente, pedagoge, këshilltare në qarqet më të larta të politikës, studiuse e letërsisë. Çfare ka mbetur vitale tek ju nga këto fusha që ju i keni ezauruar në Shqipëri?

IH: Të gjitha kanë mbetur vitale, asgjë nuk është shuar. Unë nuk besoj tek teoria e shuarjes por thellësisht besoj tek teoria e transferimit. Dashuria për letërsine është trensferuar në çdo gjë timen, në pasionin që unë kam për çdo disiplinë humane dhe për humanizmin si të tillë, apo në mënyrën si jetoj, mendoj, flas, shkruaj, komentoj, ndiej etj ejt. Prej saj duket të jetë marrë përshëmbull rëndësia që unë i vë detajeve, kuptimi dhe interpretimi që u bëj karaktereve jetësore dhe mbi të gjitha shfaqet tek natyra ime pasionante të cilën kurrë nuk e kuptova nëse ishte kjo natyrë që më coi tek letërsia apo ky ishte një proces i kundërt. Po kështu puna në qeveritë shqiptare dhe pranë presidentit si dhe mundësia që mu dha kësisoj për të takuar shumë liderë botërorë dhe qenë e pranishme në shumë tavolina ku luhej politika më rriti kërshërinë të studioja master dhe doktoratë për lidership në SHBA. Falë këtyre studime isha në gjëndje të hyja në tregun e punës amerikane duke realizuar kështu aspiratat që kisha. Tek këto studime hasa gjithashtu se letërsia dhe teoritë e lidershipit kanë një të përbashkët thelbësore: të dyja merren me karakterin e individit apo natyrën e rrethanave që përcaktojnë zgjedhjet apo vendimet e tij, si dhe të dyja përpiqen të zbulojnë edhe detajet më të vogla pas të cilave fshihen veprimet më sinjifikante. Të gjitha këto dije apo eksperienca janë transferuar dhe transferohen tek unë në forma nga me të ndryshmet, herë vetvetishëm e herë pavetvetishëm. Në rastin tim une as nuk dua te shkëputem nga a shkuara ime, por as nuk dua të jetoj me të; sikur nuk dua të jetoj duke bërë planifikime të detajuara për të ardhmen. Unë ndjek porosinë e Virginia Vulfit: jetoj momentin, pasi jeta në fund përmblidhet si një grusht momentesh, përqëndrohem tek e tashmja dhe mendoj se çdo ditë e jetuar me dashuri për jetën është një ditë e bekuar.

MB: E bindur që jeni nga ato që i mbani sytë nga Shqiperia, si do na i përshkruani atë që sheh sot syri juaj i mprehtë, kritik, vizionar?

IH: Shqipëria sot është në një stanjacion korruptiv. Kjo ka shumë arsyje: nga të gjitha anët kemi një lidership të dështuar që ka ndërtuar një mjedis të korruptuar, një lidership aspak frymëzues apo transformues. Nga ana tjetër kemi një shoqëri shqiptare që prej shumë vitesh është gënjyer dhe zhgënjyer deri në palcë. Kjo ka ashpërsuar zemrat e shqiptarëve dhe i ka bërë ata të bien në apati, pasi duket se çdo zgjedhje e tyre përfundon po njëlloj në qeveri të korruptuara. Shqiptaret janë dorëzuar ndaj çdo lloj force për veprim apo aq më keq akoma kanë humbur dëshirën për veprim, shtoji këtu faktin që si kulturë ne kemi qënë gjithmonë të ngadaltë në pranimin e ndryshimit dhe e kemi parë veten shumë larg nga pushteti.

E hapur tashmë tërësisht ndaj botës, realitetitit shoqëror shqiptar i është imponuar edhe një fenomen bashkëkohor. Njerzit sot kudo që jetojnë duket sikur shqetësohen vetëm për suksesin, famën, dukjen personale dhe sillen të gjithë sikur të jenë zotër, por në fakt më shume janë kthyer në sende pasi ajo cka i frymëzon apo i bën të veprojnë është posesimi i sa më shumë sendeve. Njerzit kanë humbur komunikimin shpirtëror mes njëri-tjetrit. Teknologjia ka pjesën e vet të përgjegjësise në këtë dramë kolektive. Gjithkush nga ne e vërtit jetën e tij tek drejtëkëndëshi kompjuterik, apo drejtëkëndëshi telefonik! Sapo ngrihemi në mëngjes gjeja e parë që ne bëjmë është t'i drejtohemi telefonit drejtëkëndës; pyesim Aleksën si është moti pasi përtojmë të dalim deri në ballkon e ta vlerësojmë vetë atë! Shkojmë në zyrë dhe përpara se të përshëndesim kolegët hapim fillimisht kompjuterin po drejtëkëndësh. Kthehemi në shtëpi dhe komunukimin e parë e kemi tek hapim TV po drejtëkëndësh. Lidhemi me të dashurit apo miqtë, të afërmit apo kolegët sërisht e gjithmonë e më shumë me tekste nëpërmjet hapjes së nje drejtëkëndëshi telefonik që duket sikur mbart brenda gjithë jetën tonë inorganike, që në fakt është jeta e cila drejton gjithë ditën tonë dhe të cilës ne i kushtojmë pjesën më dërmuese të kohës.

Vetvetishëm jeta jone është futur në një drejtëkëndësh nga i cili unë se di se si do të mund të dalim dot. Ne rendim të ushqehemi me ushqime organike, kur ndërkohë kemi humbur të komunikuarit apo reagimin organik. Ne të gjithë këtë përqëndrim drejtëkëndor ajo që ka humbur më shumë është dashuria organike në çdo drejtim të fjalës, ajo vëllazërore, miqësore, për fqinjin, për vendin, për kolegun, për tjetrin, etj etj. Kjo mos kërshëri ndaj dashurisë organike i ka kthyer njerzit në makina, i ka bërë ata apatik. Çdo gjë e zgjidh një algorithëm, një inteligjencë artificiale që e ben mëndjen humane dembele dhe jo pjesëmarrëse. Mbi të gjitha këto forma kanë zbehur dashurinë njerzore, pasi dashuria pikë së pari është emocion gjallor, komunikim real me shumë se virtual. Ne jemi kthyer padashur në sllever të atyre institucioneve apo normave që i kemi krijuar apo lejuar po vetë të na drejtojnë dhe sot institucioni qëndror që determinon jetën tonë është teknologjia dhe social mediat që ajo ka prodhuar. Kriza e pandemisë së Kovidit i dha një shtysë edhe më të fortë kësaj jete mekanike pasi e largoi edhe më shumë njeriun nga njeriu. Sado i madh determinizmi që na ofrohet ne duhet të dalim nga kjo gjendje dhe të mos lejojmë të humbin njeriun brenda nesh dhe te mos lejojmë zvetnimin e tij. Sot ndoshta askush nuk e parashikon qartazi si do të jetë e ardhmja, por unë i besoj teorisë që njerzit që të arrijnë një farë ekuilibri në ekzistencen e tyre kurrë nuk duhet të heqin dorë apo humbasin atë cka e bën njeriun-njeri dhe ky është vetëm humanizmi si i tillë, veprimi i zemrës dhe shpirtit njerzor ku dashuria ka vlerën më të lartë. Në çdo shkallë që ka arritur njeriu është shoqëruar gjithmonë me shumë hapa të panjohur dhe shumë kundërshti ambigue, por sërisht ai ja ka dalë dhe kjo kur ka vendosur pikë së pari si prioritet ruajtjen e species së tij.

Po ti kthehemi rastit shqiptar duhet thënë se vendi nuk ishte apo është i përgatitur për këtë krizë post moderne të komunikimit pasi ai ende nuk i ka kaluar fazat e kapitalizmit modern apo post-modern. Ka shumë shance që edhe si rezultat i kthesave te tilla që po jeton, shoqëria shqiptare të jetë bërë edhe më apatike dhe njëkohësisht edhe më ashpër sikur ndodh shpesh kur të duhet të hasesh me eksperienca jetike të parakohshme, apo të menjëhershme apo që nuk kalojnë natyrshëm të gjitha fazat.

Une mendoj se për aq kohë sa shoqëria shqiptare nuk do të dalë nga apatija, të sfidoje ashpërsimin që i ka pllakosur zemrat dhe të mos shkojë në zgjedhje për të vendosur "të keqen e mirë", fatkeqësisht këtë situatë do të duhet ta shikojmë gjatë.

MB: Zonja Iris, mjaft prej brezit tonë, le ta quajme "të humbur" të '90-ave, ka një rol të madh në shembjen e komunizmit. A mendoni se ka ende hapësire dhe mundësi për ta zhvilluar vizionin e mbetur përgjysëm?

IH: Unë nuk besoj se ne jemi një brezi i humbur, përderisa me kohën tonë lidhen shumë momente kyce të historisë botërore dhe ne nuk ishim thjesht spektatorë por aktorë aktive të saj.

Ne jemi gjenerata X (1964-1980), pikërisht ajo gjeneratë që pasuam të ashtuqujtëren gjeneratën "baby boomers". Ne u rritëm në paqe me prindërit që na varrnin çelësin në qafë! Kjo na bëri një gjeneratë të përgjegjshme, që di si ta ruajë çelësin dhe si të hapë derën atëherë kur dhe si duhet. Në 1990 ne dolëm të gjithë në sheshe dhe kërkuam "Shqipërinë si e gjithë Europa"; ne hapëm derën e Shqipërisë së lirë dhe ky mbetet akti ynë më i arrirë dhe me sa duket në Shqipëri kjo mbeti fitorja jonë më e madhe, pasi më pas duket sikur ne i lëshuam fatet në dorë të "baby boomers", ndoshta ngaqë ata na u duken më të përgjegjshëm.

Ne jemi brezi që mbijetuam në të gjitha shkallët e revolucionit teknologjik. Shkollën e ndoqëm duke marrë leksione me penë në fletore 5-lekëshe, por punën e filluam kur u desh të shkruanim me kompjuterin që sapo ishte zbuluar, dhe më pas vazhduam pa ndërprerë kur na u desh të komunikonim me email dhe tani jemi forcë e rëndësishme e integruar e tregut të punës dhe në gjëndje të aplikojmë çdo të re teknologjike që na ofrohet. Të mos harrojmë se dhe kokat e teknologjisë post-moderne jane të gjithë pak a shumë nga gjenerata X.

Ndonëse ne jemi sërish të lidhur shpirtërisht me vendin, unë mendoj se tashmë më e mira për Shqipërinë është të vijnë në drejtim, gjeneratat e reja pasi jane ata që nuk mbartin zhgënjimet dhe ashpërsinë e të shkuarës dhe si rezultat do i bashkojnë më shumë shqiptarët drejt nje të ardhmeje të shumëpritur dhe do te mund të sjellin një lidership transformues.

MB: Sa herë ka festa unë hedh sytë nga Irisi, zonjë, amvisë, klas, plot shije e sharm ku nuk është vetëm cilësia e jetës ajo që bie në sy. Është gjithë ky rregull, finesë e trashëguar apo kultivuar?

IH: Këtë model e kam parë tek gjyshja, e kam parë tek mamaja ime dhe mundohem ta përcjell në familje si tradite dhe dhunti. Mua gjithmone më kanë pëlqyer mjediset klasike pasi mendoj se mbartin apo janë në gjëndje të shprehin shumë histori dhe shume kujtime në të njëjtën kohë. Më pëlqen të udhëtoj dhe të them të drejtën edhe kam patur fatin të vizitoj në shumë vende të botes. Gjithmonë kam patur kërshëri të njoh traditat dhe zakonet e ndryshme dhe mendoj se ana festive e çdo vendi rrëfen shumë për nivelin e ndjeshmërsie në atë kulturë.

Përpiqem që çdo festë ta konsideroj dhe organizoj deri në detaj dhe tek çdo e tillë përpiqem të vendos një mendim apo ndjenjë. Shpesh edhe mënyra si e vendosim pecetën në një tryezë flet sa dashuri dhe mikpritje ka në të. Festat janë pothuaj çdo vit po të njëjtat, por jo çdo vit ka qënë i njëjti për nga kujtimet që na le apo çastet që na ka sjell. Kjo do të thotë që çdo trapezë duhet të jete autentike e atij viti. Për shembull tavolinën në darkën e Thanksgiving 2020 unë e realizova me motive druri, dhe për këtë kisha një mesazh. Në një vit Kovidian si 2020-ta ne patëm edhe më shumë shance të rrinim pranë dhe vetëm me natyrën dhe kështu të kuptuam edhe një herë sa e papërsëritshme mbetet ajo në energjinë që të jep dhe paqen që të afron.

MB: Studentëve shqiptarë jam e bindur që u mungon metodika, mjeshtëria komunikative, elokuenca brilante, polemika dinamike. Si mund ta plotësoni këtë boshllëk?

IH: Unë gjithmonë e kam dashur audiencën dhe e kërkoj atë kudo të jem. Lidhjet me studentët i mbaj të gjalla pasi ishte një kohë që si të thuash ishim gati moshatarë dhe ne zbulonim së bashku magjinë e shpjegimit apo interpretimit letrar. Une jam shumë krenare për ta dhe gëzohem kur i shoh të realizuar në jetë dhe karrierë dhe e lumtur vë re sesi letërsia i ka ndihmuar të mbeten gjithmonë intelektualë me njohje mbi dijet humane dhe mbi të gjitha njerëz me zemër të madhe. Ndërkohë përpiqem të jem aktive në shyp dhe botoj më shumë me drejtim nga lidershipi por edhe mbi probleme sociale, politike, letrare. Përpiqem modestisht të jem prezente me artikuj, libra, analiza jo për famë por për të thënë sinqerisht mendimin tim. Nese ikën nje apo dy ditë pa shkruar, mëngjesin e tretë e ndiej se nuk kam qënë vetvetja.

Unë besoj tek shprehja hapur e të vërtetës dhe mendoj se njerëzit lartësohen sa herë nuk rreshtin së thëni atë. Këtë parim e konsideroj si shtysën kryesore në çdo rresht që shkruaj, në çdo hap që hedh apo dhe komunikim që bëj. Sikur na mëson edhe Erik Fromi: "Gënjeshtrat mund të na bashkojnë në një parti, por përfundimisht vetëm e vërteta mund ta udhëheqë njeriun drejt lirisë". Dhe unë mendoj se vetëm një njeri i lirë është një njeri i realizuar për veten, ata që e rrethojnë si dhe mjedisin ku jeton.

mars 2021

DËSHIRA AHMETI KËRLIU

Dëshira Ahmeti Këtliu, një vokal gurgullues porsi burimet e kulluara e ajri i pastër nga ajo vjen DIBRA.

Marjana Bulku: Arti klasik dhe treva nga ju vini a lidhen bashkë dhe sa ju nxit dhe inspiron gjeografia mahnitëse e vendit amë?

Dëshira Ahmeti Kërliu:
> Personalisht mendoj se ka shumë rëndësi ambjenti ku rritesh, qyteti, natyra që të rrethon, ajri që thith dhe uji që pin. Pastaj është me shumë rëndësi familja, edukata familjare dhe ajo sociale, kultura e atij qyteti, qytetaret, mësuesit që të edukojnë në shkollen fillore deri te momenti kur merr valixhet dhe me të gjitha këto brenda shkon në studime për të arritur të bëhesh një profesionist dhe ta zhvillosh më tej talentin që zotëron.
>
> Unë jam me fat që u rrita në Qytetin e Dibrës dhe në një familje që i poseidon të gjitha ato që unë përmenda më lart.

MB: Cilat janë hallkat e formimit tuaj si artiste?

DAK: Mendoj që talenti shfaqet qysh në fëmijëri dhe une e kisha ëndërr të isha një artiste në skenë, doja të isha një këngëtare lirike profesioniste, çka sot është profesioni im, sigurisht falë talentit, vullnetit dhe edukimit. Të arrish të mbledhësh të gjitha hallkat dhe ti lidhesh në një zinxhir nuk është aspak e lehtë. Ky rrugëtim kërkon shumë punë, vullnet, sakrifica dhe sfida të cilat janë të vështira. Por me dëshirën dhe talentin njeriu i realizon të gjitha duke punuar fort. Pra qysh fëmijë këndoja në programet shkollore dhe festat e ndryshme si soliste e korrit të shkollës, dhe më pas në koncerte të shoqërisë kulturore artistike të qytetit të Dibrës së asaj kohe "Haki Stermilli" dhe kështu pas gjimnazit fitova konkursin në Akademinë e Arteve të Bukura në Tiranë, dega e Kantos. Gjatë kohës kur isha studente këndoja në koncertet që organizoheshin në Akademi dhe po ashtu edhe me korrin e Akademisë realizuam nje numër të madh koncertesh madje edhe jashtë vendit si; Itali, Zvicer, Izrael, etj. Si studentë ne filluam te angazhohemi edhe në Teatrin e Operas të Tiranës ku realizonim shfaqje të shumta studentore aty. Ka qenë një eksperiencë shumë e bukur dhe frytdhënëse.

Pas studimeve fitova konkursin që të punoja si soliste e Teatrit të Operas të Maqedonise në Shkup ku do vazhdoja të isha soliste në role kryesore. Isha dhe jam akoma solistja e parë shqiptare në këtë Institucion elitar të vendit tonë.

Të gjitha këto angazhime gërshetuar me shumë koncerte jasht si në Europe dhe Amerikë përbëjnë një portret të anës time profesionale.

**MB: Rrugëtimi juaj artistik kalon nëpër skena dhe artistë
të mëdhenj, cilat prej tyre kanë mbetur në memorjen
tuaj?**

DAK: Kam pasur bashkëpunime me artistë të ndryshëm të
skenës për shkak të roleve që kam pasur po ashtu edhe
koncerteve të ndryshme më ka ndodhur të takoj shumë
artistë, i tillë është profesioni ynë, bashkëpunim artesh
dhe kontributesh skenike por unë do të veçoja të madhen
Inva Mula një artiste e kompletuar në çdo aspekt dhe me
famë botërore që na ka bërë krenarë ne si shqiptar kudo
në botë me perfomancat e saj të shkëlqyera e nga e cila
unë kam mësuar dhe përfituar shumë.

**MB: Rrugëtimi juaj artistik kryqëzohet me një artist të
muzikës Pop i cili është bashkëshorti juaj (Arjan Kërliu),
a keni menduar ndonjëherë se do ishit një bashkëpunim
i bukur skenik ju të dy?**

DAK: Me Arianin kemi pasur rastin të këndojmë në skenë
bashkë në disa koncerte të realizuara në Shkup dhe New
York. Kemi kënduar duete nga perlat shqiptare dhe ato
të huaja. Kemi plane për të ardhmen të organizojmë
koncerte bashkë të këtij karakteri. Është një bashkëpunim
i natyrshëm ku përputhen shumë element të vokalit,
përvojës dhe spontanitetit interpretativ. Po, po ky mbetet
një projekt i bukur artistik.

MB: Tirana, Shkupi, Dibra, Ohri, Ontario, New York apo edhe skena të tjera ku ju keni interpretuar, sa peshë ka vendi ku këndoni dhe audienca që ju dëgjon në angazhimin tuaj?

DAK: Sigurisht që është shumë e rëndësishme prezantimi përpara një audience që është kritike e fortë dhe di ta vlersojë artistin, kështu rritet çdo artisti nga kritikat dhe nga prezantimet apo ballafaqimet me. skenat e ndryshme botërore.. Une do veçoja audiencen shqiptare e cila më plotëson më shumë shpirterisht, sepse më fal një emocion tjetër dhe sikur marr frymë ndryshe përpara publikut shqiptar kudo në botë pasi artikulojmë të njejtën gjuhë dhe iu këndojmë momenteve të përbashkëta që shpesh nxiten nga historia jonë po e përbashkët.

MB: Në profilin tuaj artistik shfaqet një dimension i ri, i bukur, është ai i Dea Kërliut, si mendoni a është talenti një dhunti që lind apo kultivohet nëpërmjet disiplinave, praktikave, teknikave?

DAK: Talenti lind, kjo është shumë e vërtetë por vetëm se talenti pa shkollim e pa disiplinë e punë është shumë pak e mbase nuk mjafton. Dea, ime bijë e ka talentin trashëgim nga të dy prindërit dhe në shkollën tetë-vjeçare ajo zgjodhi drejtimin e muzikës për ta vazhduar e thelluar studimin deri në Akademinë Muzikore. Kështu ajo ënderrom për të ardhmen dhe do ti qëndrojë besnike artit dhe këndimit profesional. Ne si prindër e përkrahim në maksimum derisa ajo tregon interesim por në asnjë mënyrë nuk e kemi sforcuar apo detyruar që të zgjedhë muzikën si profesion, ishte vetë dëshira e saj për t'u shkolluar për muzikë. Kjo na bën të lumtur natyrshëm kur ndjekim se Dea i ka vënë detyre vetes të studiojë artin muzikor ashtu si dy prinderit e saj artistë.

MB: Arti në kohë pandemie ka humbur skenën për jo admiruesit e vet, si e shikoni të ardhmen e artistëve dhe artit klasik të cilët skena dhe publiku janë si oksigjeni që i mban në jetë?

DAK: Jam pak e frikësuar për të ardhmen në përgjithësi e për atë të artit në veçanti e sidomos artit skenik, muzikor, operistik, teatral e kështu me rradhë. Vitin që kaloi dhe ky vit që po vazhdojmë jemi akoma në kushte pandemie çka kushtëzon një situatë të vështirë në të gjithë botën si dhe artin kudo në botë. Deri tani asgjë nuk funksionon edhe pse shpresuam se do rifillonte me hapa me të shpejta, por nuk kam koment për këtë lloj ngërçi e nuk dua ta mendoj që njerezit do jetojnë apo do munden të rrijnë pa e shijuar pa artin e mirfillte në të ardhmen, emocionin në sallë apo duartrokitjen e sinqertë. Jeta kompjuterike po shkatërron çdo gjë që fal emocion direkt duke e parë dhe shijuar e nuk të fal kurrë të njejtën ndjesi. Por ne mbetemi me shpresë që të rifillojmë jetën normale sa më parë dhe për të gjithë artistët eksiston shpresa që ata të kthehen në skena dhe në sallat e mbushura plot me spektatorë dhe të gjithë ne të marrin oksigjenin nga arti klasik.

Dr. Pashko Camaj

Një tjetër histori për të mos u humbur, një tjetër personalitet të cilit kur ia lexon këto hapa rrugëtimi ia admiron profesionalizmin dhe staturën njerëzore; Pashko Camaj

Marjana Bulku: Zoti Pashko rrugëtimi i shqiptaro-amerikanëve drejt Amerikës kalon nëpër udhëkryqe të përbashkëta, kur ka nisur dhe si ka qenë rrugëtimi juaj?

Pashko Camaj:

Ashtu si për shumë të rinj të asaj kohe, unë u largova nga atdheu im, Tuzi në Malësi (pjesë e Malit të Zi që kufizohet me Shqipërinë) disa muaj para se të bëja 21 vjeç. Udhëtimi për në SHBA nuk ishte një udhëtim i lehtë, nuk ishte as një vendim i lehtë për mua. Gjithçka nisi me një fluturim të gjatë nga Mali i Zi në Mexico City, së bashku me motrën time dhe një shoqe të fëmijërisë nga qyteti ynë. Destinacioni ynë tjetër në udhëtimin tonë ishte qyteti i Tijuanës, një qytet kufitar i shkatërruar në Meksikë, përtej kufirit me San Diego. Pas disa ditësh përgatitje ne u transportuam në SHBA me anë të disa mjeteve të jashtëzakonshme: një bagazhi të një makine, tre prej nesh si sardelet në një makinë të madhe amerikane. Më kujtohet si tani duke parë trungun që mbyllej mbi ne dhe duke qenë në një errësirë shumë të madhe, një burim i klaustrofobisë që e bënte atë udhëtim të dukej si i pafund. Kur bagazhi u hap, pamë një San Diego të bukur me diell dhe një shkëlqim që dha shenjat e lehtësimit të madh për ne. Destinacionet ishin fillimisht Michigani ku kisha disa të afërm nga familja ime (vëllai dhe motra e madhe), dhe rreth një vit më vonë, fati im më solli në New York, ku jam akoma sot.

MB: A mund të na rrëfeni proçesin e konsolidimit tuaj intelektual i cili siç dihet në një vend si Amerika ka kostot e veta?

PC: Nëpër ëndrrat e mia mbeti konstante dëshira që një ditë të bëhesha mjek. Unë kisha mbaruar klasa para-mjekësore dy vitet e fundit të shkollës të mesme, në mënyrë që të përgatitesha për të. Por ëndrrat e mia u prenë në vitin 1983 pasi nuk arrita të regjistrohesha në një fakultet të mjekësisë në Prishtinë, nuk isha aq i mirë sa të pranohesha, ose mbase nuk kisha lidhjet e nevojshme pasi vetëm 400-500 studentë u pranuan nga 4,000 aplikantë.. Sapo mbërrita në SHBA, padyshim që përparësitë ishin aftësia për të mbajtur veten dhe së shpejti familjen time, por edhe vazhdimi i shkollimit dhe kthimi në auditor që mbeti gjithmonë në mendjen time. Pas disa vitesh vendosa të filloja shkollën në vendin tim të ri, pasi pranimi im i parë në kolegj ishte në qershor të vitit 1993, pothuajse në një datë nga ajo ditë e zymtë në Prishtinë dhjetë vjet më parë kur m'u mohua kjo e drejtë.

Si me çdo fillim, nuk ishte e lehtë. Përveç pengesave gjuhësore, çdo çështje tjetër ishte po aq e vështirë, padyshim edhe ngaqë angazhimi në shkollë ishte me kohë të plotë, por edhe pse familja ime e re kishte nevojë për suportin tim. Pas katër vjetësh graduohem në nivelin bachelor në shkencat e shëndetit mjedisor dhe profesional. Tashmë kisha vendosur për të mos studiuar në mjekësi, por doja të qëndroja afër saj sa më shumë që të ishte e mundur. Menjëherë pas kësaj, unë mora gradën Master në të njëjtën fushë studimi po në Universitetin e New York-ut. Pas marrjes së masterit unë gjithashtu fitova pozicionin tim të parë të punësimit me kohë të plotë në një Autoritet të Transportit Metropolitan-MTA, një agjenci shtetërore që punëson 60,000 punonjës që drejtojnë sistemin e qytetit të NY dhe transportit publik shtetëror ku punoj edhe sot. Padyshim që me kalimin e viteve unë isha në gjendje të ngjis shkallët e rritjes profesionale, sot si Drejtor i Lartë në një Departament që mbikëqyr shëndetin dhe sigurinë e sistemit tonë, ndjej se jam në një nivel shumë më të përparuar të përgjegjësisë sesa isha kur nisa karrierën, pasi edukimi dhe përvoja kanë rol të padiskutueshëm.

Në vitin 2005 rinisa udhëtimin tim tashmë të fundit akademik për të përmbushur destinacionin tim të dëshiruar, i cili ishte diploma e doktoratës. Padyshim që duke e bërë atë mbi një bazë gjysmë-kohë të pjesshme, duke ruajtur të gjitha aktivitetet e tjera, të tilla si mbështetja e familjes time, më duhej një kohë më e gjatë, por në vitin 2013, unë përfundova udhëtimin tim akademik me një diplomë të Doktorit të Shëndetit Publik në Columbia Universiteti në NYC. Në një farë mënyre, kjo përsëri lidhet me atë ditë verë të vitit 1983. Tridhjetë vjet më vonë, unë fitova një diplomë me një studim dhe hulumtim në bashkëpunim me kolegët e mi nga Columbia dhe Universiteti i Prishtinës, duke marrë një diplomë doktorature (jo në mjekësi dhe jo nga Prishtina) por në një fushë të lidhur ngushtë dhe në një farë mënyre, duke kompletuar rrugëtimin tim akademik dhe duke realizuar kështu ëndrrën time të hershme.

MB: Sa peshë dhe rol ka vendlindja në profilin tuaj njerëzor dhe atë intelektual?

PC: Kujtimet e fëmijërisë së hershme janë gjurmëlënëse dhe kanë formësuar jetën time dhe më ndjekin ende deri më sot. Gjithmonë e vlerësoja arsimin si një çelës në zhvillimin e vlerave të profilit njerëzor Një gjë që unë gjithmonë e mbaja në mendjen time ishte buzëqeshja në fytyrën e babait tim pas takimeve prindër-mësues gjatë të cilave ai do të dëgjonte vetëm gjëra të mira për mua. Gëzimi në fytyrën e tij më dha ndjenjën e krenarisë dhe qëllimit. Edhe pse babai im nuk kishte ndonjë arsim zyrtar, ai e dinte instinktivisht se kjo ishte e rëndësishme. Kjo ndjenjë se ai është krenar për mua, ka qenë gjithnjë faktor motivues, madje edhe shumë vite pasi ai kishte kaluar në përjetësi. Këto vlera më kanë udhëzuar dhe do të jenë gjithmonë me mua, pasi ato kanë hartuar e projektuar të gjitha arritjet dhe sukseset e deritanishme.

MB: Si e shinni Komunitetin shqiptaro-amerikanëve këtu në këndvështrimin tuaj, çfarë i përbashkon, ndan apo ndërlidh ata?

PC: Komuniteti ynë shqiptaro-amerikan ka përparuar në shumë mënyra. Ka qenë kënaqësi të shikojmë rritjen e tij vit pas viti dhe se sa të bashkuar jemi në një mënyrë apo në një tjetër mes nesh. Ka shumë çështje që na lidhin pavarësisht prejardhjes sonë origjinale, pavarësisht nëse vijmë nga Shqipëria, nga Kosova, Maqedonia, Mal i Zi apo ndonjë rajon tjetër ne ndjehemi shqiptar. Ka diçka unifikuese që është e përhapur në komunitetin tonë çka është përpjekja jonë për ta bërë atdheun tonë një vend më të mirë për brezat që do të pasojnë. Edhe pse nga këndvështrime të ndryshme, gjithmonë duhet të kujtojmë se si shqiptarë si amerikanë, ne kemi një rol të rëndësishëm për të luajtur jo vetëm për të ardhmen tonë dhe mënyrën se si gjendemi dhe mirëmbajmë lidhjet tona me të kaluarën tonë por edhe sa mirë pohojmë e provojmë se jemi në gjendje të ndihmojmë brezat tanë të ardhshëm këtu në SHBA. Shumë fondacione dhe organizata kanë luajtur rol të madh. Më shumë mund të jetë dhe do të duhet të bëhet, për të pasur një themel të fortë mbi të cilin brezat tanë të ardhshëm mund të ankorohen dhe gjithmonë të njohin atdheun e tyre dhe të vazhdojnë të jenë faktori që do të kontribuojë në çështjen tonë shqiptare.

MB: Duke qenë se jeni pjesë edhe e botës akademike këtu në SHBA a mundeni të përgjithësoni mbi qasjen që kanë shqiptarët ndaj proçesit të edukimit apo evoluimit përmes edukimit.

PC: Një nga gjërat më frymëzuese ka qenë të shohësh se si shqiptarët përpiqen të ndjekin arsimin e tyre, pavarësisht nëse janë shqiptarë që kanë emigruar këtu kohët e fundit apo pasardhësit e tyre, ata duan të ndërtojnë një bazë të mirë e të qëndrueshme arsimore për të ardhmen. Unë e lidh këtë në shumë mënyra pasi kam rastin ta shoh personalisht si student për shumë vite dhe tani edhe duke dhënë mësim si profesor në universitetet lokale. Më rastis të takoj studentë shqiptarë dhe ndjej një kënaqësi dhe gëzim të shumëfishtë dhe i udhëzoj shpesh ata për klasat, e gjithçka është e nevojshme në rrugëtimin akademik pasi personalisht kam kuptuar dhe besoj se arsimi të hap dyert, rrugët e komunikimit dhe ato të mirëkuptimit. Një nga rolet që unë e konsideroj si thelbësor në çështjet shqiptare, por jo vetëm është se në çdo kontakt, në çdo marrëdhënie qoftë në nivelin akademik ose në atë personal, ne mund të kontribojmë apo të japim një shembull dhe të tregojmë se ne jemi njerëz që jemi të denjë për njohje dhe vlerësime edhe në skena botërore.

MB: A jeni penduar që e latë atdheun?

PC: Një nga pyetjet e mia më shqetësuese, veçanërisht ndërsa
filloj të bëhem pak më shumë në moshë dhe të kuptoj
ndryshimet se ku jemi dhe nga kemi ardhur, është "a bëra
gjënë e duhur duke lënë atdheun tonë?!"
Padyshim nuk ishte një vendim i lehtë për t'u larguar,
dhe kur të shikoj arritjen, natyrshëm mendoj se po, ia ka
vlejtur mundimi. Por është e vështirë të përfundosh me
një farë indiference duke parë sa prapa në kohë po aq
edhe përpara. Unë e shoh të ardhmen tonë si një popull
që u largua nga vendi ynë dhe disa nga ne u larguam
përgjithmonë. Rifilluam një jetë të re në këtë vend jo
vetëm për ne por edhe për brezat tanë që do të vijnë pas
nesh. Shpresa ime është që ne të mund të shërbejmë si një
urë dhe t'u japim brezave tanë të ardhshëm mundësi për
të kuptuar betejat që kalon brezi i parë dhe sa e vështirë
është ndërtimi i jetës, stabilitetit e më tej kontributet
për të tjerët, ky është shembulli unik që mërgata din ta
dëshmojë më së miri.

MB: A ëndërroni të ktheheni atje?

PC: Ende ëndërroj për vitet e mëparshme të fëmijërisë sime
të hershme dhe me kënaqësi kthehem për ta vizituar.
Shpresoj që kjo gjeneratë të bëjë sa duhet për të lënë
një shenjë të qartë, punë konkrete në mënyrë që brezat
që vijnë pas nesh do të ndiejnë gjithmonë një lidhje me
ne dhe përmes nesh me Shqipërinë dhe tërë botën (të
ëndrrave dhe dëshirave) tonë që e lamë pas.
Ju falemnderit.

Dr. Mjaftime Brati Dushallari

Mjaftime Brati Dushallari, një rrëfim njerëzor ku vërehen hapat e një njeriu korrekt me veten dhe të tjerët, një simbol sa njerëzor po aq edhe profesional i intelektuales shqiptare në jetën amerikane.

Marjana Bulku: Të ruash profesionin dhe pasionin në emigracion nuk është një sfidë dhe aq e lehtë. Juve ia keni dalë. A mundeni të na e rrëfeni këtë proces?

Mjaftime Brati Dushallari:
Edukimi ka qenë pasioni i jetës time. Punën e edukatorit e kam parë gjithmonë si përgjegjësi dhe jam munduar ta bëj me përkushtim. Kam punuar në të gjitha nivelet e shkollave dhe kudo kam ndjerë kënaqësi. Puna me të rinjtë më ka mbajtur të re në shpirt. Jam ndjerë gjithmonë e re mes të rinjve.

Doja shumë që ta vazhdoja karrierën time edhe në këtë vend të madh e të zhvilluar. Kur e pashë realitetin, kjo dëshirë mbeti më shumë në planin e ëndrave që s'dija nëse do të realizoheshin ndonjëherë. Ishin disa vështirësi. Në radhë të parë, procesi për t'u licensuar nuk ishte i shpejtë duke konsideruar faktin se unë isha familjare, duhet të përballoja jetën dhe nuk isha shumë e re kur emigrova në Amerikë. E dyta, mendoj se është shumë më e thjeshtë të ruash profesionin tënd kur je diplomuar në shkenca ekzakte, qoftë edhe në fushën e arsimit. Për shkencat shoqërore është më e vështirë e sidomos kur bëhet fjalë për shkenca që këtu nuk aplikohen. Së treti, duke menduar se në arsim gjuha është më e ekspozuar dhe duhet të jetë më perfekte se diku tjetër, e pashë si të vështirë realizimin e ëndrës time që mbeti gjithmonë brenda meje.

Gjithsesi, mendoj se ndoqa rrugën më të drejtë për t'u kompletuar dhe për të arritur synimin tim. Përveç kurseve të pandërprera për të perfeksionuar gjuhën, m'u desh të kryej një kurs 6-mujor për t'u aftësuar në kompjuter dhe për të mësuar procedurën e zyrës. Ishte një kurs që ndoshta nuk më dha punë menjëherë, por më mësoi shumë gjëra për kulturën e punës në Amerikë dhe më bëri ta ndjej veten konfidente në rrugën e përpjekjeve të mëtejshme.

Gjetja e punës së parë më gëzoi sepse fillova të punoj si asistente edukimi në shkollë, në mjedis të njohur për mua, pavarësisht ndryshimeve të mëdha që ekzistonin në përmbajtje. E konsideroj veten me fat sepse aty mësova rrugën për të rimarrë statusin e mësuesit. Për të plotësuar kërkesat e shtetit punova me vullnet e vendosmëri. Ia dola me sukses dhe u licensova si mësuese e anglishtes si gjuhë e dytë (English as a Second Language-ESL) për të gjitha nivelet e shkollës. Me kalimin e këtyre vështirësive të para, janë shumë gjëra që preka dhe më dhanë kënaqësi gjatë viteve që punova në sistemin arsimor amerikan.

MB: Ju kujtoj si pedagoge në fakultetin e Historisë dhe të Filologjisë në Tiranë. A ju ka shërbyer ajo përvojë në punën tuaj në sistemin arsimor amerikan apo ishin dy gjëra krejt të ndryshme?

MBD: Me gjithë ndryshimet e shumta dhe të thella të sistemit arsimor në Amerikë me atë në Shqipëri, unë e kam ndjerë veten në fushën time në të dy kontinentet. Të dyja përvojat kanë ndihmuar e pasuruar njëra-tjetrën.

Kur aplikova për t'u çertifikuar nga shteti i New York-ut, zgjodha licensën në ESL sepse ky program kishte më shumë ngjashmëri me programin e degës në të cilën unë isha diplomuar në Shqipëri, Gjuhë dhe Letërsi Shqiptare. Pra dhe këtu do të isha në fushën e Gjuhësisë. Pavarësisht së gjuhët ishin të ndryshme, ligjet e shkencave gjuhësore janë të afërta. Madje, teknikisht kjo më ndihmoi edhe për faktin se disa lëndë bazë të programit, m'u njohën dhe nuk isha e detyruar t'i merrja në kolegjin që kreva këtu. Po ashtu m'u njohën edhe të gjitha kualifikimet pasuniversitare. Formimi im gjuhësor nga Shqipëria ma ka bërë gjithmonë më të lehtë shpjegimin e gjuhës anglisht. Shkolla amerikane, nga ana e saj më ka pasuruar mendimin tim shkencor dhe profesional. Të dyja bashkë më sollën në atë stad sa unë, sa herë shpjegoja elemente të ndryshme gjuhësore në anglisht, kujtoja dhe i krahasoja me korrespondueset në gjuhën shqipe. Aq sa ndjej kënaqësi nga gjuha jonë shqipe, nga bukuria e fjalorit, e shprehjeve plot kuptim, e fjalëve të figurshme; aq kam shijuar edhe pasurinë dhe thellësinë e gjuhës anglisht.

Po ashtu, formimi im letrar më ka dhënë dorë për ta bërë edhe më tërheqës procesin e përvetësimit të gjuhës nga studentët e mi. Në shkollën amerikane, anglishtja nuk shpjegohet e izoluar, por përmes subjekteve të ndryshme, mbi të cilët unë gjithmonë preferoja të përdorja veprat letrare, pra letërsinë që ishte fusha dhe pasioni im. Ishte një proçes i bukur e kënaqësidhënës. Në këtë kontekst kam përdorur edhe krijime shqiptare që i kam përkthyer për t'u dhënë studentëve të mi njohuri nga kultura e vendit tim.

Nga ana tjetër, përvoja amerikane më ka ndihmuar në pasurimin e mendimit tim profesional në tërësi dhe të mësimit të gjuhës dhe letërsisë në veçanti. Metodat e mësimdhënies së anglishtes si gjuhë e dytë janë shumë të larmishme dhe frutdhënëse. Aq sa ishin të ndryshme, aq dhe efikase më dukeshin ato metoda po të përdoreshin në mësimdhënien e gjuhës shqipe në shkollë.

MB: Zhvendosja e intelektualëve nëpër botë për mua është një fenomen sa i dhimbshëm po aq edhe produktiv. Po ju si e shikoni atë?

MBD: Largimi i çdo njeriu nga vendi i lindjes është i vështirë dhe i dhimbshëm, pavarësisht nga arsyet që e diktojnë. Dhe sa më i rritur të largohesh, aq më e dhimbshme bëhet sepse lë pas vendin që të lindi e të rriti, të afërmit, kujtimet, kulturën e vendit tënd, shoqërinë etj. Unë personalisht jam ndjerë sikur lashë pas një pjesë të vetes time.

Por nga ana tjetër, zhvendosja e intelektualëve shqiptarë nëpër botë është pa dyshim edhe një fenomen produktiv. Kjo, sipas mendimit tim, për dy arsye: Së pari, Shqipëria një vend i vogël, i mbyllur për një kohë të gjatë dhe nën një sistem të egër totalitar, me këtë shpërndarje të intelektualëve, shumica të rinj, bëhet e njohur në botë përmes vlerave më të mira të saj, përmes njerëzve të shkolluar, të talentuar dhe të aftë. Kur kemi ardhur ne në Amerikë, shumë njerëz këtu nuk kishin idenë ku ishte dhe kush ishte Shqipëria. Sot ka shumë shqiptarë nëpër botë që shkëlqejnë dhe kanë bërë emër në profesione e fusha të ndryshme. Ata i kanë siguruar vetes e familjes një jetë më të mirë, por nga ana tjetër, përfaqësojnë denjësisht vendin dhe kulturën shqiptare në botën e qytetëruar.

Së dyti, intelektualët shqiptarë të shkolluar në vende e shoqëri të zhvilluara, kanë fituar një formim profesional që mund të shtojë shumë vlera nëqoftëse aplikohet në Shqipëri. Ata mund të shkojnë atje me ide të reja dhe me këndvështrim të ri. Një bashkëpunim efektiv i tyre me intelektualë të formuar që punojnë në Shqipëri, e forcon sistemin. Prandaj të rinjtë shqiptarë që janë shkolluar jashtë vendit duhet të mbajnë lidhje me vendin e tyre, të kontribojnë dhe të ndihmojnë në fusha të ndryshme. Shkollimi, specializimi apo përvoja që marrin intelektualët nëpër botë, është një investim personal. Ajo ndihmon individin të përparojë nga ana profesionale. Ndërsa bashkëpunimi i këtyre intelektualëve për aplikimin e njohurive në vendin e tyre, është një investim për vendin dhe përparimin e tij të mëtejshëm.

MB: Si u shpalos Amerika në sytë tuaj? A mund të na e përshkruani momentin e parë të ballafaqimit me një botë të madhe, të panjohur, të re?

MBD: Unë emigrova në Amerikë me familjen në vitet 90-të. Erdhëm në një vend gjigand nga një vend me shumë mangësi nga sistemi i kaluar. Në këtë kuptim, çdo gjë që shikonim ishte e re dhe e panjohur. Për ta nisur jetën kishte vështirësi të mëdha dhe kishim mungesa të shumta. Po përballeshim me një kulturë të re, të pasur, të panjohur dhe shumë të ndryshme nga ajo e vendit tonë. Erdhëm në një vend të fuqishëm ekonomik, me teknologji të zhvilluar, ndërkohë që ne nuk njihnim dhe nuk dinim ende si të përdornim kompjuterin. Na duhej të aplikonim për punë kur nuk kishim idenë si formulohej një rezume apo një letër shoqëruese e saj. Përpiqeshim të prezantoheshim mirë nëpër intervista pune, kur nuk dinim tamam se cila ishte mënyra se si duhet të përgjigjeshim për t'u bërë të pranueshëm për pozicionin që aplikonim. Të gjitha këto ishin të njohura dhe të formuluara diku për qytetarët e Amerikës, por problemi ishte se ne kishim nevojë për orientim. Komuniteti shqiptar në atë kohë nuk ishte kaq i gjerë sa është sot. Prandaj ishte e vështirë të gjeje gjithcka vetë duke rendur bibliotekave dhe duke bërë kërkime.

Përmes vështirësive, gjëja më pozitive që kam mësuar në këtë vend të fuqishëm qysh në ditët e para të ardhjes, ishte fakti se sistemi amerikan është ndërtuar i tillë që të ndihmojë këdo që shkel këtë tokë që të përballojë jetën dhe të përparojë. Ndihmat ekonomike që për shqiptarët e ardhur në atë periudhë ishin të domosdoshme, mundësitë e panumurta për të mësuar anglisht, trainime, kurse e shkolla për kualifikim etj, etj e vërtetojnë më së miri këtë gjë. Problemi ishte që mundësitë duheshin njohur e shfrytëzuar. Pra rruga për t'u integruar në shoqërinë amerikane nuk ishte e lehtë, por jo dhe e pamundur.

Shqiptarët e sotëm që emigrojnë, të cilët zotërojnë gjuhën anglisht, njohin më mirë teknologjinë, por dhe materialisht janë më të pajisur, janë më të gatshëm për t'u sistemuar në fushat e tyre. Megjithatë, fillimi është gjithmonë i vështirë dhe vështirësitë janë të natyrave të ndryshme. Mendoj se është detyra jonë si brez më i vjetër emigrantësh, të bëhemi burim për brezat që vijnë dhe t'i ndihmojmë, qoftë me gjërat më elementare si plotësim formash, aplikimesh etj. Pra t'u tregojmë rrugën më të drejte e të përshtatshme për të gjetur veten dhe për t'u integruar sa më shpejt.

MB: A kontaktoni me ish studentët tuaj? Çfarë shikoni te studentët e brezit të tanishëm, a mendoni se ka piktakime që mund të referohen si shembuj optimizmi e frymëzimi?

MBD: Karriera ime në fushën e edukimit është gati e ballancuar midis kohës që punova në Shqipëri dhe në Amerikë. Studenti im i parë me të cilin punova që kur fillova si asistente edukimi në shkollën publike 8 në New York, tani është 27 vjeç. Ishte një fëmijë i ndrojtur që nuk i pëlqente të komunikonte shumë me studentët e tjerë. Punova me të për tre vjet dhe ai përparoi dhe u afrua shumë shpirtërisht me mua. Edhe sot e kësaj dite e kujtoj dhe e takoj më mall. Si mësuese kalova disa breza studentësh. Midis tyre ishin dhe një pjesë e konsiderueshme shqiptarë. Pasi gradoheshin shumica e tyre ktheheshin në shkollë dhe na takonin. Me studentët e programit të ESL kam mbajtur lidhje edhe më të afërta. Kam marrë pjesë edhe në gradime në nivele më të larta të shkollimit të tyre. Ende marr mesazhe e kartolina urimi që më gëzojnë. Disa prej tyre aplikojnë në kolegje të mira dhe kjo më kënaq pa masë.

Për ato vite që punova si mësuese e ESL, kam mbuluar dhe programin e anglishtes për të rritur që zhvillohej mbrëmjeve në shkollën tonë. Desha të përmend rastin e një vajzë të re nga Tropoja, emigrante e sapoardhur që vinte për të mësuar anglisht. Ishte shumë serioze në punë dhe e etur për dije. Shumë herë rrinte pas mësimit dhe më bënte pyetje të ndryshme. E ndihmoja me gjithcka dija. Vite më vonë, u takuam rastësisht në një ceremoni familjare te disa miq të përbashkët. Kishte mbaruar kolegjin, ishte diplomuar në fushën e biznesit dhe vazhdonte një karrierë në fushën e saj, ndërkohë që kishte krijuar dhe një familje të bukur. Ishte një takim i rastit që më gëzoi pa masë dhe më bëri të ndjehem shumë krenare për të.

Emigrimi na bëri bashkë edhe me disa ish studentët e mi nga Shqipëria. Janë një numur i madh që jetojnë në New York. Fillimisht na lidhën problemet e përbashkëta që duhet të përballonim si dhe disa aktivitete të komunitetit. Më vonë krijuam marrëdhënie të afërta që tanimë janë kthyer në marrëdhënie shoqërore e familjare.

Me studentët e tanishëm në Shqipëri, nuk kam lidhje direkte, por jam e interesuar dhe gjithmonë informohem për ecurinë e tyre qoftë nga shtypi, nga kontaktet me ish kolegët e mi në Shqipëri, si dhe disa të rinj studentë që janë nipërit dhe mbesat e mia. Ndryshimet në strukturën ekonomike, politike e shoqërore të vendit kanë sjellë pa dyshim edhe ndryshime në strukturën e shkollës së lartë. Krahas disa arsyeve subjektive që kanë bërë që niveli i studentëve në disa fakultete të ulet, mendoj se janë bërë dhe ndryshime që i shërbejnë formimit më të mirë të tyre. Përpjekjet për ristrukturimin dhe pasurimin e programeve, njohja dhe futja më e gjerë e teknologjisë në mësim, specializimet brenda e jashtë vendit të pedagogëve dhe studentëve, janë kushte për një të ardhme më premtuese. Avancimi dhe shtimi i disa degëve të reja në fakultete si dhe hapja e disa programeve për master pranë fakulteteve, mundëson një formim më të thellë të studentëve dhe specializim të mëtejshëm të tyre.

Mundësia dhe interesimi më i madh i studentëve për përvetësimin e gjuhëve të huaja është një burim tjetër njohjeje që pasuron njohuritë e studentëve të motivuar.

Ka studentë që, me përgatitjen dhe aftësitë e tyre, janë vërtet shembuj optimizmi për të ardhmen.

Shumë prej studentëve që janë diplomuar në universitetet shqiptare, sot mbajnë pozicione në kompani prestigjioze me degë në Shqipëri që takojnë standartet e huaja. Ka dhe nga këta studentë që largohen për në vendet perëndimore, konkurojnë me ato njohuri, fitojnë dhe i japin emër Shqipërisë me arritjet e tyre.

MB: Jeni modestisht aktive aq sa prezenca juaj në ngjarje ku përcillet edukimi është nostalgji për ata që ju njohin dhe frymëzim për ata që nuk ju njohin, çfarë do thonit ju profesoreshë Mjaftimja?

MBD: Unë kam qenë dhe jam edukatore në zemër. Kur erdha në New York, mësova se ekzistonte një komunitet shqiptar, i cili po zgjerohet e po përparon për ditë. Ndjej kënaqësi që kam lidhje me shqiptarë. Ndihem e lumtur e mezi pres të marr pjesë në aktivitete të ndryshme si ato të Organizatës së Grave Shqiptaro-Amerikane "Motrat Qiriazi", Organizatës Panshqiptare "VATRA" apo edhe grupe shoqërore ku takoj shqiptarë. Në këto takime flasim gjuhën tonë të bukur shqipe, festojmë sipas traditave tona, por herë pas here aty vlerësohen dhe nderohen edhe individë, pra evidentohen vlera të komunitetit dhe në këtë mënyrë njohim njëri tjetrin. Në këtë kontekst, një rol të madh luan edhe media shqiptare në Amerikë dhe specifikisht në New York. Dua të përmend me respekt gazetat Dielli dhe Ylliria që publikojnë e reklamojnë me korrektësi këto aktivitete të komunitetit dhe janë të hapura për këdo të shprehë mendimet e tij për probleme shoqërore, politike apo dhe profesionale. Gjithashtu edhe kanalet televizive shqiptare që e kanë perfeksionuar dhe pasuruar punën që prej fillimit, luajnë një rol të madh në këtë drëjtim. Programi juaj serioz "Një jetë...disa histori" në kanalin Kultura shqiptare ka pikërisht këtë synim, evidentimin e vlerave shqiptare. Pa punën e palodhur të drejtuesve të këtyre organeve të shtypit, të kanaleve televizive si dhe organizatave që mundësojnë takime me shqiptarë, çdo gjë do mbetej në errësirë dhe e panjohur. Ju uroj suksese të mëtejshme dhe ju jam mirënjohëse që na jepni mundësinë të shprehemi.

MB: Profesoresha, gjyshe...si e përjetoni këtë status?

MBD: Është statusi më i bukur në botë. Ndjehem e mrekulluar. Për herë të parë jam bërë gjyshe 11 vjet më parë nga djali. Vitin e kaluar e pata përsëri atë fat e atë ndjesi të rrallë nga fëmija i vajzës. Të dy engjëjt ma bëjnë jetën time çdo ditë e më të bukur. Çdo ditë, çdo moment dua t'i përqafoj, të luaj me ta, dua të flas për ta dhe shumë herë dua t'i krahasoj me fëmijët e mi në moshën e tyre. Të dy më bëjnë të ndjehem më e re dhe më energjike. Më japin kënaqësi të veçantë. Jam shumë e lumtur që, duke dhënë ndihmesën time në rritjen e tyre, po e kryej edhe këtë mision të bukur të jetës.

LORETA STAMO

Komunikimi me Loreta Stamon buron dije dhe informacion bashkëkohor aq sa ta vizaton para syve përmasën reale të një intelektualeje që nuk ngopet me dijen dhe të rejat në botën e pacak të informacionit.

Marjana Bulku: Një Informaticiene në një botë ku informacioni ka kaq shumë pushtet sepse burojnë të dhënat që orientojnë/çoriontojnë botën, si ndjeheni ju aty?

Loreta Stamo:

Ndjehem mire, si në 'shtëpinë time! Është e vërtetë që sot është koha e analizave në bazë të informacionit, madje edhe e marrjes së vendimeve nga njësitë robotike, pa patur nevojë për nderhyrjen e përdoruesit ose të informaticienit. Fusha e Inteligjencës artificiale (Artificial Inteligjence) dhe e kompjuterave të mësuar (Machine Learning) po hyn në çdo drejtim. Makinat pa shofer, bankieri robot që të identifikon në varësi të sinjalit zanor, doktori robot që të dikton direkt gjithë opsionet ekzistuese në varesi të analizave dhe ankesave, shahisti robot që mund edhe vet kampionet e shahut, edhe ata që e kanë programuar etj, etj…duken të frikshme për brezat më të vjetër, por s'ka asnjë mister aty tanimë. Në bazë

88

të të gjithave është mendja e njeriut por që edhe mendja vet "dorezohet" para fuqisë dhe shpejtësisë llogaritese të super-kompjuterave të sotëm. Problem shoh edhe me të rinjtë e sotëm që janë obsesuar me mediat sociale në atë masë sa nuk mund t'i ç'bëjnë dot gjurmët e tyre kur rrethanat personale ndryshojnë. Si mund t'ia mbushësh mendjen një adoleshenti që të kuptoje siç duhet që një mendim i hedhur ashtu kot në një postim apo koment, mund t'i sjellë probleme në pranimin në një universitet që ka për zemër më vonë, ose edhe në sigurimin e nje pune në të ardhmen. Si t'ia shpjegosh asaj moshe që do i mendojë gjerat ndryshe kur të piqet dhe ca?! Edhe mësuesit e tyre vet, nuk i kuptojne shumë nga këto nocione të web-informacionit, sigurisë etj. Problemi që do vazhdojë të thellohet është se teknologjia po përparon me hapa marramendese dhe njerezit nuk arrijnë dot ta ndjekin në çdo moment...

Për çdo ditë në marrdhëniet e mia me miq e të afërm, nuk ngurroj të shpjegoj diçka praktike nga gjithë këto, për shembull; t'i mbush mendjen dikujt që ka një biznes që s'ka nevoje të shkojë në bankë çdo ditë të çojë çeqet e pagesave pasi është më e lehtë dhe më e sigurt ta bësh depozitimin nga telefoni kështu ke edhe nje rekord elektronik për depozitën që do të duhet më tej. Ose kur bie fjala për mesazhet/emailet që vijnë gjoja nga institucione ose individe të "besuar" dhe përdoren nga dërguesit për të vjedhur informacion sensitiv me qëllim keqperdorimi në moment ose në të ardhmen.

Një tjeter bisedë që e gjej veten ta bëj gjithmonë është kur prinderit janë të shqetesuar dhe nuk e kontrollojnë dot prezencen dhe komunikimin e fëmijëve të tyre nëpër rrjetet sociale. Shpesh kalojnë në kontroll extrem dhe i ndalojnë të kenë llogari në to. Personalisht nuk mendoj që kjo është e mirë, sepse në radhë të parë ajo moshë di edhe më shumë se prinderit për teknologjinë dhe lehtësisht hapin accounte sekrete që i bën ata edhe më të "lirshem" të përdorin këto web-komunikime keq. Gjithashtu mendoj që është më mirë për adoleshentet të fillojnë të familjarizohen me internetin dhe informacionin digital dhe të fillojnë të lënë aty gjurmët e tyre të vërteta, duke parandaluar kështu që dikush tjeter t'i portretizojë negativisht ata, për diçka që ata s'janë.

Informacioni digital do vazhdojë të rritet eksponencialisht në vitet që vijnë dhe profesionet që merren me analizen e informacionit, inteligjencen artificiale etj që përfshihen nën Data Science janë dhe do të vazhdojnë të jenë shumë të kërkuara.

MB: A besoni se keni bërë zgjedhjen e duhur duke ditur se jeni bijë mjekësh të cilët do apo nuk do profesionin e tyre duan ta trashëgojnë?

LS: Absolutisht! Të gjithë mendonin se do bëhesha mjeke si prinderit, por unë isha e prerë për inxhinieri ose matematikë. Është fat që njeriu të mund të gjejë herët çfarë i pëlqen dhe çfarë bën më mirë në jetë, kështu s'do humbasë kohë e energji gjatë rrugës së gjatë të nxënies dhe gjithmonë do ta bëjë punën me qejf. I vetmi "problem" me këtë profesion, është se duhet të vazhdosh të mësosh çdo ditë, për gjithë jetën. Në çdo profesion, do thoni ju, është kështu dhe është e vërtetë, por jo si me teknologjine dhe informatikën. Në këtë fushë të duhet ta "rifillosh" gjithmonë; sepse avancimet janë dramatike dhe shpeshherë s'kanë lidhje me metodat e përdorura më parë. E mira e kësaj, është se ngelesh menderisht gjithmone i ri dhe të duket vetja student, gjithë jetën.

MB: Ju jeni ndër shqiptarët e parë që keni emigruar drejt Amerikës pas viteve 90-të, a ju ndodh shpesh të takoni shqiptarë në mjediset e tua të punës, udhëtimeve, trajnimeve, sa rol luan shkollimi apo fati në stabilitetin eko-social të shqiptarëve në emigracion?

LS: Është e vërtetë që emigrova herët në Amerikë, qysh në maj të vitit 1993. Do i përgjigjesha shumë ndryshe kësaj pyetjeje nqs do bëhej fjalë për 5 vitet e para. Në ato vite kishte shume pak shqiptare këtu, por s'kishte as celulare e internet që të lidheshim kollaj. Për çdo informacion do të duhej të vizitoje biblioteka e librari dhe të ishe me fat nqs do arrije tek informacioni më i mirë që po kërkoje. Por njekohesisht do e mbaj mend si kohë të bukur sepse më lidhi me shumë njerëz të mirë që përndrysha s'do i kisha takuar ndonjehere në jetë, me të cilët i ruaj lidhjet edhe sot. Janë shqiptarë nga të gjitha trevat, të feve të ndryshme, të bizneseve të ndryshme, të përkatësive politike të ndryshme. Sot më duket vetja shume e pasur me këtë larmi miqsh që kam!

Une e kam shprehur gjithmonë që isha me fat për profesionin që kisha, sepse e gjeta punën e parë si programiste me 20 rezumetë e para që dërgova, ashtu direkt me shkollat e Shqipërisë. Shpesh më duhej ta theksoja që isha "Albanian" jo "Armenian" dhe nuk isha nga Albany, NY. Amerikanet dëgjuan për Albanians gjatë luftës së Kosovës, por prapë nuk mësuan shumë për ne. Mbaj mend që sa herë prezantohesha, e kisha shume të lehtë të provoja krenari për vendin tim, ca nga mungesa e informacionit për ne shqiptaret, dhe ca nga mungesa e paragjykimit për një vend i vogel si i yni. Vija re shpesh që tregonin kërshëri për Shqiperinë.

Sot shqiptarët emigrantë të mbas viteve 90-të janë shumë, janë të sukseshem, fëmijët e tyre i bënë shkollat këtu dhe u integruan shumë më mirë. Kënaqesh kur i shikon se sa shumë kanë arritur!

MB: Midis ritmit të jetës së përditëshme plot angazhime dhe progres profesional dhe nostalgjisë të së kaluarës që lidhet me vendlindjen cila dominon më fort në jetën tuaj nga këto të dyja?

LS: Gërshetohen të dyja si dy sinjale me frekuenca e amplituda të ndryshme; njëherë dominon njëra, njehere tjetra... ndonjëherë tjetër bashkohen e dyzohen. Nuk e di në është mosha apo nostalgjia, por me kalimin e viteve kam një tërheqje më të madhe nga Europa. Sidomos në këtë vit Covid-i kur izolimi në mendje është edhe më i madh se ai 6 feet-shi, mendja më shkon më shpesh atje...dhe mbase vjen një ditë që të jetoj në të dyja botët e mia.

MB: Sa e ndiqni jetën e komunitetit shqiptar në Amerikë, si ka ndryshuar ajo?

LS: Kam qenë gjithmonë e angazhuar me komunitetin shqiptar, sidomos në New York, New Jersey, Boston, dhe Waterbury me të cilat jam edhe afër, por edhe në South Florida.

Për më shume se 20 vjet kam qenë edhe në bordin e AAWO "Motrat Qiriazi" dhe kam ndihmuar me çdo mënyrë, profesionalisht dhe njerëzisht. Aty kam mësuar shumë më tepër sesa dija për komunitetin shqiptar të të gjitha trevave, zakonet, traditat, dialektet. Sa herë kishte nje aktivitet komuniteti dhe mund të vidhja kohë nga jeta ime profesionale, merrja pjese me shumë dëshirë. Është kenaqesi të gjesh një pjesë të vendit tënd në emigracion dhe të ndjehesh rehat si në shtëpinë tënde. Në vitet e para, këto aktivitete ishin shumë më emocionale, sepse përballeshe me shumë halle emigrantësh dhe pasiguri për të ardhmen. Në dekadat e fundit ndjesia është krejt ndryshe, takon njerez të plotesuar familjarisht e profesionalisht, që janë shkeputur disi nga origjina dhe diskutojne më shume për këtu, sesa për atje.

MB: Çfarë ka trashëguar nga ju vajza juaj, çfarë do donit që ajo të trashëgonte nga ju?

LS: Besoj se ka trasheguar indipendencën e mendimit, altruizmin, dëshirën për të zbuluar botën dhe njerezit, dashurinë për shkencen, dhe pelqimin për djathin e bardhë.

Por besoj ka marrë më shumë nga Agroni, sidomos qetësinë dhe humorin. Miqtë e përbashket na thonë që e kemi "programuar" mirë se ka marrë më të mirat e të dyve, dhe kjo ma mbush zemrën plot!

Do doja të ishte më e fokusuar në organizimin e deshirave dhe projekteve të saj, por është në fakt një krijuese shumedimensionale dhe e apasionuar në shumë drejtime. Sinqerisht nuk e di cila është pika e saj më e fortë dhe çfarë do përfundojë të bëjë në jetë, por uroj që ta gjejë saktësisht udhën e duhur.

Tani për tani është e fokusuar në Environmental Science dhe këtë qershor do ketë 2 graduime një nga High Tech High School dhe një nga Hudson County Community College, besoj me rezultate shumë të larta. Edhe aplikimet për kolegj i ka bërë në të njejtën fushë Environmental Science and Engineering.

93

MB: Diku në shënimet e tua lexova: "Të gjitha fotot e vjetra familjare u humbën në një valixhe udhëtimi drejt emigrimit", u preka thellësisht dhe u ndjeva njësoj si ju, çfarë mbeti e përjetëshme në kujtesën tuaj teksa udhëtoje drejt emigrimit?

LS: Ne kishim shumë foto familjare për standartin e asaj kohe dhe sigurisht që i doja të gjitha këtu, ashtu si solla pjesë-pjesë edhe librat e preferuar të bibliotekes sonë. U merzita shumë kur humbën, m'u duk sikur 26 vjet të jetës time humbën përgjithmone...por me vite, dhe sidomos pas lidhjeve familjare dhe shoqerore në facebook, filluan të më vinin ca xhevaire aty-këtu Fotot bëheshin në 2 kopje ato vite në Shqiperi, dhe qellonte që një kopje ta kishte mami, një daja, një shoqja e keshtu kam mbledhur disa.

E ku i dihet mbase do mbledh akoma më shumë nga koha e lënë pas, teknologjia vazhdon të na surprizojë!

AZETA ZHABJAKU KOLA

Për ta kuptuar më mirë Azetën duhet ta lexosh dhe për tja pranuar shkrimet dhe referimet duhet ta njohësh nga afër; e saktë, e palodhur, mike e bashkëpunëtore që nuk të braktis kurrë.

Marjana Bulku: Një intelektuale në perëndim si e ka rrugëtimin e vet, parë kjo në syrin tuaj?

Azeta Zhabjaku Kola:
Kushdo që le vendin e lindjes dhe emigron në një vend të huaj ka një histori për të treguar. Secila histori është personale dhe mbresëlënëse. Mbi të gjitha, udhëtimi im ishte i vështirë, kërkonte adaptim të thellë, duke filluar nga mësimi serioz i gjuhës Angleze, të cilën unë nuk e zotëroja kur erdha në New York, si dhe qëndrim pozitiv në çdo hap. Ishte i gjatë dhe i vetmuar sepse destinacioni ishte pak më i vështirë se të tjerët dhe i ri për mua, në një farë mënyre, pa një model për të ndjekur, dhe si pasojë kërkonte më shumë sakrifica personale por edhe familjare. Në të njëjtën kohë, ishte nje udhëtim nga i cili unë zbulova kufijtë e aftësive të mija, u rrita nga ana intelektuale dhe emocionale, përmbusha dëshirat e mija, dhe ajo që është më e rëndësishme, u bëra qytetare e vendit të adoptuar në të cilin jap kontributin e duhur në shoqëri. Pra individi gjen

vendin e duhur në këtë hapësirë njerëzore ku gjithkush ka vendin e tij/saj. Unë jam e kënaqur me rezultatet e këtij udhëtimi të gjatë dhe ndjehem krenare për kontributin tim modest aty ku mendoj se jap më shumë në shoqëri, domethënë në mësimdhënjen dhe hulumtimin e lëndës së historisë, gjuhësisë, dhe letërsisë. Këto së bashku hyjnë në atë që përbën fushën e Humanistikës.

MB: Ju zgjodhët të thelloni studimet tuaja në lëmin e historisë por kontributet tuaja e tejkalojnë atë; jeni referuese në disa seminare gjuhësore duket se intelektualizmin tuaj ia keni vënë në shërbim edhe edukimit me gjuhën dhe historinë tonë, çfarë ju nxit drejt një investimi të tillë?

AZB: Gjithmonë kam dashuruar gjuhën, përfshi këtu gjuhët e huaja. Veçanërisht gjuhën Italiane me të cilën u rrita duke e vetëmësuar nga televizioni, kryesisht programet e televizionit italian, lajmet, filmat, dhe eventet artistike, por edhe me mësime private me profesor Nuri Hutën, gazetar dhe i persekutuar politik. Mbaj mend që ndiqja me endje filmat me temë historinë antike, për shembull, Kolosi i Rodit apo Odisea. Në shkollë kisha gjithmone notën 10, si në gjuhën dhe letërsinë shqipe, ashtu edhe në histori, në të gjitha nivelet e në mënyre absolute. Në Shqiperi unë studjova muzike (piano dhe flaut) në nivelin e shkollës së mesme, një nga pasionet e mia të hershme dhe bashkëudhetare të jetës sime të cilën nuk e ndoqa më tej, gjë që shkaktoi zhgënjim në moshë të re. Në Institutin e Shkodrës mora diplomën e mësimdhënjes bashkë me shumë shokë e shoqe të tjerë që sot janë shpërndarë nëpër botë, e që vazhdojnë të japin mësim atje ku janë. Më pas kam punuar në shkollën "Emin Duraku" në Tiranë deri në mes të viteve 90-të. Aty kam dhënë lëndët e Gjuhës Shqipe, Leximit, dhe Muzikës në klasat e katërta të shkollës fillore, pasi kjo shkollë ishte e specializuar në ato vite.

Rrugëtimi në Shtetet e Bashkuara më dha mundësinë të shpalos aftësitë e mija dhe të plotësoj dëshirën time të hershme. Mendoj që nga zhgënjimi rinor lindi dhe këmbëngulja ime jo e zakonshme, deri në kokëfortësi për të vazhduar edukimin tim, por në një fushë ku pasioni im do të njihej e vlerësohej. Sigurisht, do të kishte qenë më e lehtë për mua të vazhdoja në fushën e mësimdhënjes në shkollën fillore. Por unë bëra një zgjedhje personale dhe plotësisht të vetëdijshme. Duke qenë se dega e Humanistikës është një fushë e gjerë studimi ku përfshihen edhe gjuha edhe historia, dy degë që jetojnë të pandara tek unë, arrita në një moment vetëndërgjegjësimi se pasioni im ishte në këtë lëmë studimi, pasion i cili nuk pati mundësi të plotësohej në sistemin komunist. Kështu pasi konvertova diplomën e mësuesisë, përfundova një BA, me meritë, në Historinë Antike me fushë te dytë në anglisht dhe më pas u diplomova me një MA në Humanistikë dhe një tjetër MA në Historinë Moderne të Evropës në Universitetin Fordham, me ndihmën e një burse studimore nga Zyra e Kryetarit të Bashkisë së New Yorkut, në të cilën kam punuar për një dekadë. Diplomën e Doktoraturës në Historinë e Evropës së Hershme Moderne e mora në Universitetin Northwestern në Evanston, Illinois, ku mbrojta dizertacionin me temën e Arbërisë Venedike gjatë shekujve 15-të dhe 16-të, për të cilën kërkova dy vjet me rradhë për dokumenta origjinale në arkivat e Shqipërisë, në Tiranë dhe Shkodër, si dhe të Italisë, kryesisht në Venecja, duke vënë në punë edhe shqipen edhe italishten, materiale të cilat më pas i përktheva në anglisht për të mbrojtur tezën. Ky process kërkimor u bë i mundur nga një bursë Fulbright të Departamentit të Edukimit të Shteteve të Bashkuara, e cila u jepet me meritë studjuesve të zgjedhur për projekte kërkimore origjinale. Disa artikuj nga kjo tezë janë paraqitur ne konferencat vjetore të RSA (Renaissance Society of America), dhe janë publikuar në revista profesionale te historisë.

Në këtë vend të lirë e demokratik, kujtdo i jepet mundësia të arrijë. Unë jam një emigrante të cilës ju dha mundësia të përparojë me aftësi dhe dinjitet. Është pra një kënaqësi e veçantë për mua të kontribuoj në këto fusha të pasionit tim, gjuhë, letërsi, dhe histori ku ndjehem plotësisht e përgatitur. Kjo përgatitje më jep mundësi të mbështes çështjen e mësimit të gjuhës dhe kulturës shqipe në diasporë, veçanërisht në shkollën dy-gjuhëshe Fëmijët e Shqipes (Children of the Eagle Dual Language and Culture School) në New York, ku edhe kam folur në dy nga konferencat për mësimdhënien e gjuhës shqipe.

MB: E mbrujtur në një familje artistësh, gjendesh nuse në po një familje artistësh si është ky mjedis për ju, a e ushqen ndopak historinë apo anasjelltas?

AZB: Është fat të lindësh e rritesh në një familje artistësh të talentuar, por mbi të gjitha, të jesh fëmijë i prindërve të mirë e punëtorë. Nga të dy prindët kam marrë dëshirën për të arritur, kuriozitetin për të njohur mbi mesataren, por mbi të gjitha pasionin për të bukurën dhe të drejtën. Nuk mbaj mend të jem rritur me privilegje pasi gjendja ekonomike ishte njësoj për shumicën e familjeve në atë kohë. Por ndoshta privilegji im ishte që isha në kontakt me artin dhe letërsinë në çdo moment të jetës. Nga mamaja ime, pjaniste profesioniste në Teatrin e Operes dhe Baletit, isha pranë muzikës klasike dhe që në moshë të re njihja operat e Verdit, Puçinit, Rosinit, apo Bizesë me muzikë dhe tekst (veçanërisht italisht, por edhe shqip). Kam parë shumë prej tyre në skenën e TOB-së nën interpretimin e këngëtarëve lirike shqiptare, për të cilët kam respekt të thellë. Nga babai, i cili punoi si regjisor në Kinostudjon e vetme shqiptare, isha vazhdimisht në kontakt me libra të rinj, poema, skenare, dhe mbi të gjitha, me procesin e krijimtarisë artistike në formën e shkrimit. Babai, i cili vinte nga një familje e persekutuar, punoi gjithë jetën e tij për të mbajtur familjen, por edhe për të kultivuar pasionin e tij për artin, muzikën, letërsinë, filmin, dhe pikturën. Rrugëtimi i tij i vështirë u bë model për mua që në moshë të re. Mendoj që nga babi kam marrë pasionin për historinë dhe letërsinë, si dhe për të lexuar dhe shkruar. Ne bibliotekën e tij kam lexuar për herë të parë *Odisenë* e Homerit, *E Kuqja dhe e Zeza* të Stendalit, *Të Huajin* e Albert Kamys, si dhe *David Koperfildin* e Çarles Dikensit, të gjitha në shqip.

Nga të dy prindërit, unë dhe vëllai, Kreshnik, i cili është këngëtar operistik, trashëgojmë dëshirën për të arritur çdo gjë në jetë me ndershmëri, këmbëngulje, dhe punë të palodhur. Bashkëshorti im po ashtu është artist i lindur e rritur në një familje me tradita patriotike e artistike. Agimi është muzikant e kompozitor i edukuar në degën e muzikës klasike, por me përvojë të gjërë në muzikën popullore e burimore shqiptare. Në familjen tonë pianoja, fizarmonika, dhe flauti janë pjesë e jetës së përditshme. Agimi e kupton më së miri se si pasioni për muzikën tek unë është transformuar, pa pësuar humbje, në pasion për humanistikën. Së bashku me mamin dhe vëllain tim, Agimi është një nga mbështetësit kryesorë të punës sime, si dhe një nga arësyet që bëri të mundur këto arritje.

MB: Cili është gjykimi juaj për historinë e Shqipërisë, a është shkruar ajo, si është shkruar?

AZB: Mendoj se historia e Shqipërisë nuk është shkruar asnjëherë në mënyrë të saktë apo në mënyrë të plotë. Kjo për disa arësye:

Së pari, fakti që Shqipëria shtrihet në udhëkryq midis lindjes e perëndimit e ka bërë atë të vuajë luftra e pushtime të shumta të cilat kanë lënë shenjat e tyre njëra mbi tjetrën.

Së dyti, hapësira Shqiptare është tkurrur ndër shekuj dhe, si pasojë, është reduktuar në një vend të vogël me fqinjë kërcënues, të pamëshirshëm, dhe që kanë futur hundët në punët tona me qëllim ndarjen etnike dhe fetare.

Së treti, historiografia moderne shqiptare u zhvillua në kohë diktature e cila kufizonte lirinë e të shprehurit dhe historia si subjekt vuan nga mungesa e lirisë, si dhe nga kufizimet ideologjike, si ato të kohës së komunizmit.

Së katërti, shteti ynë asnjëherë nuk i dha përparësi hulumtimit të shkencës së historisë dhe lidhjeve të Shqipërisë së hershme me perëndimin-kjo për arësye gjeopolitike.

Kryesisht, studjuesit shqiptarë në punën e tyre kanë nënvizuar lidhjet tona me lindjen, kryesisht Perandorinë Otomane. Një këndvështrim i tillë i historisë tonë është i pjesshëm dhe, rrjedhimisht jo i saktë. Momentalisht, mendoj se përpjekjet që bëhen për rishikimin e historisë së Shqipërisë me synimin e vëllazërimit midis shqiptarëve dhe Turqve është problematike. Mendoj se këto janë disa nga arësyet kryesore që zëri i historiografisë sonë është i mekët dhe nuk dëgjohet përkrah historiografisë botërore ende sot në shekullin e 21të. Mungon një bashkëbisedim i mirëfilltë shkencor në këtë drejtim, dhe emigrantët shqiptarë ka vite që po mundohen ta plotesojnë këtë mangësi me kontributin e tyre.

Puna ime e pozicionon historinë e Shqipërisë në drejtimin e lidhjeve të saj me perëndimin duke nënvizuar rëndësinë e këtyre lidhjeve me Evropën Perëndimore dhe të krishterë, të cilat janë të hershme dhe përbëjnë thelbin e identitetit tonë perëndimor. Historia jonë është shkruar më saktë nga studiues të huaj në perëndim dhe ajo vazhdon të shkruhet dhe hulumtohet kryesisht prej tyre sepse qeveria shqiptare nuk investon në punë kërkimore nëpër arkivat e perëndimit. Është e rëndësishme për mua që në këtë shteg të pashkelur kërkimor, të cilin e kam hapur me sakrifica, ta ecin intelektualë të tjerë pas meje. Besoj se e kam përmbushur shprehjen e autorit Amerikan, Ralph Waldo Emerson, i cili shkruan: "Mos shkoni atje ku mund të çojë rruga. Shkoni në vend ku nuk ka shteg dhe lini një gjurmë." (Do not go where the path may lead. Go instead where there is no path and leave a trail).

MB: A gjykoni se ka ndonjë etapë të historisë shqiptare që mund apo duhet të rishikohet dhe shkruhet me objektivitet?

AZB: Historia antike, historia e periudhës së Mesjetës, dhe veçanërisht ajo e periudhës së Hershme Moderne. Këtu shtoj periudhën e komunizmit dhe atë post-komuniste. Kjo do të thotë se e gjithë historia e Shqipërisë dhe e shqiptarëve ka nevojë për punë të thellë serioze, profesionale, dhe pa paragjykime ideologjike.

101

MB: Një studjuese historie çfarë i propozon shqiptarëve që jetojnë jashtë Shqipërie të lexojnë e mbajnë me doemods në fondin e librit të mini-biliotekës së tyre?

AZB: Këto janë vetëm sugjerime, sepse çdokush ka shijet e veta e unë nuk mund të imponoj, por në bibliotekën time kam Mjedën, Migjenin, Fishtën, Konicën, Nolin, Naimin, De Radën, dhe Kadarenë. Po ashtu kam Sokratin, Platonin, Aristotelin, Confucius, Ciceronin, Shën Agustininin, Shën Benediktin, Petrarkën, Galileon, Shekspirin, Dikensin, Emersonin, Kafkën dhe Nietzschen, midis të tjerëve.

MB: Ju jeni lektore në universitete prestigjioze amerikane. A mund të na thoni tri pika të forta të kësaj përvojë?- Profesionalizëm-Punë e dedikuar-Dëshirë për të mësuar gjëra të reja me po atë ritëm sa edhe studentët

AZB:Profesionalizëm.

Punë e dedikuar.

Dëshirë për të mësuar gjëra të reja me po atë ritëm sa edhe studentët.

DRITA GJONGECAJ

Një vullnet i hekurt, përpikmëri veprimi dhe rezultate në çdo akt e veprim der në perfeksion. Kjo është Drita Gjongecaj, gjithmonë e pangopur me përsosmërinë.

Marjana Bulku: Mësuese Drita, një profil mësueseje në SHBA, e vlerësuar si "Mësuesja e vitit 2014" nga AAWO, çfarë do të thotë ky vlerësim për ju?

Drita Gjongecaj:
Mësuesia mbetet një profesion i dashur për mua megjithëse u bënë shumë vite që nuk jap mësim drejtpërdrejt në klasë. Përvoja ime si mësuese dhe drejtuese shkolle në Shqipëri më dha një pikënisje të fuqishme në zgjedhjen e kahjes së karrierës këtu në vendin e ri. Përveç përkushtimit në punë dhe detyrimit profesional për t'i pajisur me dije nxënësit e mi, anë këto të formimit tim qysh herët, isha edhe kureshtare për të njohur metodat e mësimdhënies në Amerikë. Që në fillim pata një interes të dukshëm për t'i analizuar ato nga këndvështrimi dhe formimi im i mëparshëm në këtë fushë.

Kjo mundësoi që puna ime të japë rezultate të kënaqshme dhe të vlerësohej nga nxënësit, prindërit, kolegët dhe drejtuesit e shkollës ku punoja. Gjithsesi asnjë nga këto nuk pati efektin dhe satisfaksionin që më dha vlerësimi "Mësuesja e Vitit 2014" nga organizata e grave "Motrat Qiriazi". Jo vetëm për faktin që çmimi vinte nga një organizatë prestigjioze shqiptaro-amerikane. Mbi të gjitha, ishte një fill bashkues midis dy jetëve, realitetit të ri në ShBA dhe atë të vendlindjes që mbetet përgjithmonë pjesë e jona dhe të cilën mund ta prekja përmes kësaj organizate shqiptare.

MB: Angazhimi juaj i përditshëm si drejtuese në arsimin publik në SHBA mbart në vetvete një investim sistematik që ka në thelb kualifikimin tuaj të cilin kemi dëshirë ta bëni prezent për lexuesit tanë: nxënës, kolegë, prindër.

DGj: Më vjen mirë që e quan investim sistematik. Kjo do të thotë që megjithëse jetojmë në vendin e mundësive, asgjë nuk arrihet pa një punë të gjatë, të lodhshme, sistematike. Duke marrë si pikënisje shkollimin në Fakultetin Filologjik të Tiranës në degën Gjuhë-Letërsi si dhe përvojën në fushën e arsimit në Shqipëri, vendosa ta gjej veten në të njëjtën fushë edhe këtu në Amerikë. Fillimisht plotësova kreditet e nevojshme për njësimin e diplomës së Tiranës me atë të New Yorkut dhe menjëherë pas kësaj, përfundova programin e masterit shkencor në mësimdhënien e anglishtes për folësit e gjuhëve të tjera (Teaching English to Speakers of Other Languages-TESOL). Me të përfunduar këtë, m'u ofrua një bursë falas në studime pasuniversitare nga Bank Street College of Education. Ky program dhe eksperienca nga aktivitetet e shumta që departamenti i arsimit ofron për zhvillimin profesional të mësuesve, çuan në përzgjedhjen time si drejtuese metodike në shkollën ku punoja.

Më pas, u përfshiva në një master tjetër për Drejtim dhe Administrim shkollash, mora liçensimin e plotë dhe prej 10 vjetësh jam zëvendës-drejtore shkolle.

MB: Ka pothuaj 5 vjet që ju i kushtoni një pjesë të kohës tuaj javore edukimit me gjuhën, kulturën dhe historinë shqiptare ndaj një numri të konsiderueshëm fëmijësh shqiptarë, si shkon ky proçes?

DGj: Gjithmonë më ka shoqëruar një ndjenjë përgjegjësie për të bërë ç'të jetë e mundur në ndihmë të atyre në nevojë. Shqiptarët jashtë atdheut hyjnë në këtë kategori përsa i përket gjuhës. Me një kualifikim të dyfishtë nga Shqipëria dhe Amerika, kam dashur që ajo çka mund të ofroj t'u vihet në dispozicion edhe njerëzve tanë. Me ndryshimin drastik që na diktoi koha, ne si grup i "Children of the Eagle" ua ofruam mësimin online nxënësve të shkollës shqipe qysh në prillin e kaluar, gati paralelisht me mësimin në shkollat publike. Duke qenë në punë të rregullt në shkollat publike, mësuesit tanë kanë fatin të marrin ndër të parët kualifikim bashkohor; kjo ndodhi edhe me mënyrat e mësimit online që ne i vumë menjëherë në përdorim me klasat shqipe. Përveç mësimit në distancë ne kemi edhe dy klasa që zhvillohen fizikisht në ambientet e Federatës Vatra, në grupe të vogla sipas kushteve të sigurisë shëndetësore. Më shumë se çdo leksion, ambienti i pasur i Vatrës shekullore u mëson fëmijëve historinë; dera e hapur e saj u mëson mikpritjen tradicionale shqiptare, etj.

MB: Cilat janë disa nga veprimtaritë përmes të cilave AADLC dhe Shkolla shqipe "Children of the eagle" bëhet prezente në jetën e komunitetit shqiptaro-amerikan.

DGj: Ka një larmi aktivitetesh të cilat janë kthyer në traditë për shkollën tonë shqipe dhe ku pjesëmarrja e prindërve por edhe e komunitetit është e pranishme. Mund të përmend programet për ditën e pavarësisë së Shqipërisë dhe Kosovës, festivalin e shkollave shqipe,

105

Dita ndërkombëtare e gjuhës amtare, përshëndetjet në seminaret e gjuhës, etj. Me shumë vlerë janë edhe vizitat e organizuara në institucione a ambiente shqiptare siç ishte ajo në Misionin e Kosovës në NY, etj.

MB: Prej pothuaj 5 vjetësh ju organizoni Seminarin e përvitshëm "Arritje dhe perspektiva të mësimdhënies së gjuhës shqipe në Diasporë", çfarë ka sjellë vit pas viti kjo veprimtari shumëplanëshe?

DGj: Seminari shkencor-arsimor organizohet nga shoqata Albanian American Dual Language & Culture (AADLC). Tashmë seminari është kthyer në një traditë, në një forum ku shpalosen referate shkencore, metoda dhe përvoja konkrete nga puna direkte me nxënësit, si dhe arritje të shkollave e organizatave me të cilat ndajmë të njëjtin mision. Me fjalë të tjera, ai ka hapur rrugën për forcimin e rrjetit profesioanal gjtë mësuesve, një bashkërendim të përpjekjeve të mësuesve, specialistëve, veprimtarëve të komunitetit, prindërve, etj. duke pasur si synim përsosjen e mëtejshme dhe rritjen e efektivitetit të mësimdhënies e mësimnxënies së gjuhës shqipe në diasporë.

Përveç prurjeve me vlerë, i kemi kushtuar kujdes edhe vendit ku ai zhvillohet. Seminari i I-rë u mbajt në ambientet e Federatës Vatra, për vetë faktin se për diasporën e Amerikës ajo është simboli i propagandës për çështjen kombëtare dhe gjuhën shqipe. Seminari i II-të solli më shumë bashkëpunim dhe dua të përmend këtu bashkë-organizimin e tij në lidhje të ngushtë me Konsullatën e Përgjithshme të Kosovës në NY dhe u mbajt pikërisht në ambientet e kësaj Konsullate.

Duke iu përshtatur kushteve të diktuara, në shtator 2020, kur veprimatritë ishin pothuajse plotësisht të paralizuara nga Covid-19, ne organizuam online seminarin e radhës me pjesëmarrje nga vende të tri kontinenteve.

Në janar 2021, ky aktivitet profesional u shndërrua në konferencë virtuale tre-ditore e fokusuar në përdorimin e platformave të mësimdhënies online për mësuesit e diasporës. Ishte një realizim koherent, kualitativ, dhe gjithëpërfshirës. Pjesëmarrësit e shumtë nga një mori shtetesh brenda dhe jashtë Amerikës e vlerësuan konferencën dhe shprehën nevojën për veprimtari të tjera të kësaj natyre si nevojë për përgatitjen e tyre për mësimin në distancë.

MB: Nga e keni trashëguar ju dashurinë mbi mësimdhënien dhe a po e trashëgoni edhe ju atë tek pasardhësit tuaj?

DGj: Si fëmijë, unë lexoja shumë dhe kjo më ka ndihmuar t'u kushtoj vëmëndje detajeve. Në shkollë shpeshherë ndihmoja shokët e shoqet me ndonje detyrë dhe dëgjoja të thoshin se unë "i zbërthej" të panjohurat në mënyrë të kuptueshme duke u bërë në mënyrë instiktive "mësuese". Megjithëse preference ime ishte një degë tjetër, m'u dha e drejta e studimit për mësuesi, fushë ku e gjeta veten plotësisht të angazhuar. Duke parë progresin te nxënësit, duke përjetuar ngazëllimin e tyre kur aplikojnë çka kanë mësuar, vetëbesueshmërinë që rritet dita-ditës në sajë të kujdesit të mësuesit, ndjehesh mirë dhe rikonfirmon rëndësinë e rolit që ke. Mesa duket, kjo ka ndikuar edhe te të dy fëmijët e mi që janë mësues të shkollës së mesme në arsimin publik të New Jorkut. Që të dy janë të angazhuar edhe me shkollën shqipe "Children of the Eagle" dhe organizatën AADLC qysh në fillimet e saj.

MB: Si e shikoni përdorimin e gjuhës shqipe në 20 vitet e ardhëshme duke qenë se kontaktoni fëmijë por edhe prindër të rinj?

DGj: Në krahasim me dy-tre dekada më parë, prindërit shqiptarë, të paktën këtu në SHBA, janë më të interesuar për t'i angazhuar fëmijët me mësimin e shqipes. Ka ikur ajo frika se mos fëmija mbetet pas me anglishten po mësoi edhe shqip. Ajo që vihet rë më shumë këto kohë është mendimi se prindërit mund t'ua mësojnë vetë shqipen fëmijëve. Përvoja ka treguar se roli i familjes është kyç, por në mbështetje të programeve shkollore dhe se shkolla është institucioni ku gjuha mësohet në nivele të tjera. Përndryshe përpjekjet mbeten sporadike dhe gjuha mbetet në nivelet e së folmes së përditshme, larg asaj akademike që nevojitet për t'iu përgjigjur zhvillimit aktual shoqëror, teknologjik dhe ekonomik.

Me rëndësinë që po merr dy-gjuhësia në përgjithësi dhe përfitimet në nivelin personal por edhe atë të identitetit kombëtar, unë e shoh me optimizëm të ardhmen e përdorimit të shqipes. Më shumë se asnjëherë tjetër shohim organizata dhe shkolla shqipe si dhe bashkëpunim në shërbim të ruajtjes së gjuhës e traditës.

MIRJANA LUKIC

Mirjana është një portret shumë i dashur për nxënësit e saj. Për kolegët ajo është frymëzim dhe udhërrëfyese në fushën e metodikës. Kur e ndjek gjatë mësimdhënies duket sikur vallëzon duke shpjeguar. Dhe kjo ka vetëm një sekret; dashurinë ndaj profesionit.

Marjana Bulku: E dashur Mirjana, a mund të ndani me ne dhe lexuesit tanë disa kujtime nga vendlindja juaj?

Mirjana Lukic:
>There are so many wonderful recollections of visiting my fatherland as a child and each time shaped my life in a very positive way. I was two and half years old when my parents and I left the former Yugoslavia to live in Italy and eventually migrated to our final destination, the United States. We visited the former Yugoslavia in 1974 for the first time since we had departed from our loved ones. My experience dwelling in the village for the first few days was not quite pleasant. At the time prior to the visit, I had only known apartment life and its basic accommodations like electricity and the function of running water. This was not the case while staying with my grandparents in the village of Salc. In fact, during the late 1960s and early 1970s young villagers uprooted their young families and

migrated to the United States, Australia and Germany, leaving behind the generation before them in hopes of returning and improving the living conditions in their village.

Despite the lack of household accommodations, I learned to look outdoors rather than indoors. I discovered my love of nature. Water was a daily necessity for drinking, cooking and bathing, so my cousin and I took empty gourds and jugs to fill them from the village fountain. There we met other younger girls from the village doing laundry and socializing. It was there by the old stone fountain where my first fascination began of tiny green and brown speckled frogs that were barely an inch long. I was determined to visit the fountain once again that day, not carrying dirty laundry or empty gourds, but an empty mason jar. Yes, I was determined that I wanted to capture a frog and it would be a suitable pet for me and...so I did. I was so excited and equally amazed as I watched the tiny creature remain suspended in water inside my half filled jar. I marveled at its big eyes, colors, speckles and toes. I simply loved it. Quite quickly did my mood change when I met my grandfather who scolded me for sealing the frog in the jar. I vividly recall him telling me to go back to the fountain and release it. He said that everything in life has its natural place and that a jar was a place for jam, not a frog.

The following morning, I did as my grandfather ordered and I was disappointed, but his words made good sense. My cousin and I visited the fountain frequently and attended to our daily chores. I was bewildered how every chore seemed to be done with a joyful disposition and with ease due to my new discoveries of sights and sounds of nature. My new encounters of the outside world were truly so refreshing to my eyes and ears. As the days, weeks and months passed our vacation had come to an end.

That morning my dear grandmother's eyes appeared glossy. I remember feeling quite solemn departing from my grandparents, aunt and cousins. Suddenly, I realized what my grandfather had taught me about the frog in the jar and its natural habitat. I felt I had found my natural place too and I was leaving it to live in an apartment building in New York City. But most of all, I learned that we can be pulled from our fatherland, but our fatherland cannot be pulled from our hearts.

MB: Ju me të vërtetë jeni një mësuese shumë e talentuar, a e keni zgjedhur këtë profesion apo profesion ju ka zgjedhur ju, si ka qenë ky proces?

ML: Thank you, Marjana, for your compliments. I think the answer may be a bit of both. I have always been curious about learning and discovering new concepts in life. I have always had the need to create, whether it was writing children's plays, illustrating or creating three dimensional projects for students. I have always aspired to challenge my own abilities. Creativity is extremely powerful. Amazingly, it is a force of positive energy that cannot be suppressed and if there is an attempt to do so…creativity takes on a new form. So that being said, creativity is somewhat of an innate ability. Monitoring the process of my own creations or work, I could effectively detail the steps or process involved. I am mindful to apply the same in my daily instruction. Therefore, developing lessons that are detailed support my students with their schema by connecting what they know and what they will learn. It is the subtle details that bond the lesson for optimum meaning. Throughout my teaching career, my young students and teacher candidates have sensed my passion for the profession. My motto has always been "Love your profession and it will reciprocate".

MB: Gjatë disa prezantimeve kam vërejtur dy karakteristika që dua të ndaj me lexuesit tanë; pasion dhe talent, si i keni kultivuar këto cilësi?

ML: Thank you, Marjana. It is my passion and I adore children. I believe it is the moral obligation for every educator to place his or her greatest efforts in teaching children. Throughout my career, I noticed that I could instruct and also make my students feel good about their learning. My goal has always been for students to feel comfortable to ask me questions or honestly state, "I did not understand." As a teacher, it was always more important for me to learn why the students didn't attain the concepts from the lesson rather than their understanding. Constant reflections have always guided me to the next steps of instruction. Once I analyze my students' misconceptions, then I can tailor future lessons to accommodate all student learning styles. Basically, I am always thinking…If I am the student, how can I achieve the learning target or desired outcome? As an adjunct instructor for the past sixteen years at Touro College and Mercy College, School of Education, I have lectured to my graduate students that their struggling students will teach them how to become the most successful teachers. Through observations and inquiry, we can develop a sense of what is needed for fair and equitable instruction. So what should ideal instruction look like?… It should always be a bit challenging with ample scaffolds and learning tools in place for students to use and self monitor their learning. Teacher made materials are always the best option because they address a variety of learners. Moreover, as educators, we must find ways to motivate our students' interests in the topics we teach. I have learned that if I am passionate and energetic about the subject, my energy will find a way to transcend to the students. In this profession, we have the power to inspire so many lives. It is truly a noble profession.

MB: Gjuha shqipe është akoma e gjallë edhe pse jeni larguar nga vendi juaj në moshë të re, dhe po jeni në gjendje të bëni prezantime në gjuhën shqipe, si?

ML: There are several contributing factors that supported the preservation of my forefather's tongue; these are family engagement, music, frequent visit to my native homeland and long lasting friendship with well educated native Albanians speakers. I was raised in a household where only colloquial Albanian was spoken. In fact, at times it was quite common to hear Serbo-Croatian lexicons embedded in discourse. Albanian literature was lacking in our home. Daily discussions occurred in Albanian and oral storytelling was part of the evening that I enjoyed the most. My father would tell me stories of long ago when he was a child living in the village of Salc in Ulcinj. As I reflect, in fact it was an effective way of preserving our family history. Quite truthfully, I have shared so many of those stories with my own children. I recall vividly the many times my father sat at the kitchen table writing letters to my grandfather. I can visualize my father's elegant handwriting as he used elongated and unrecognizable graphemes perfectly aligned throughout his letter. I could not read these symbols because my father used Cyrillic to write in Albanian. My dear father grew up in a generation where only Cyrillic was taught in grammar school in Yugoslavia. He later learned to recognize and use the Roman alphabet to function in the host society but he continued using Cyrillic for his letter correspondence.

As a young girl, I recall listening to a weekly Albanian radio station. My family would listen to announcements relating to the Albanian community. The radio host played a variety of Albanian songs that were selected and dedicated by members of the Albanian community to congratulate births and engagements publicly. I distinctly remember Moj Hatixhe by Hamite Sadiku being a favorite in our home. To this day, I still listen to this song to capture an essence of a tender time that has passed. It fills my eyes with warmth from nostalgia. Growing up in the United States, I knew at a young age that my parents always had intentions of returning to their native land. They did not hesitate purchasing property and building a home in Ulcinj, Montenegro. I have very fond memories of my youth while vacationing during summer recess. It was especially wonderful because we were in our own home situated in the ancient olive groves overlooking the Adriatic Sea. These annual visits abroad certainly help develop close bonds with our relatives and contribute to maintaining language and cultural values. As I grew into an adult, my academic language abilities improved somewhat with the support from my dear Albanian friends. These lovely ladies, mostly educators, introduced me to academic terms that expanded my knowledge of the literate language. I continue to marvel as they engage in sophisticated discourse during our meetings. I am still in the process of learning and I hope to collect and store many new Albanian lexicons because learning is a continuum. Quite honestly, I am very grateful for these friendships that have provided encouragement and support in preserving and improving my Albanian language skills.

MB: Ju jeni një anëtare shumë e rëndësishëme e shoqërisë Albanian-American Dual Language & Culture. Ju kemi parë duke prezantuar, duke dhënë mësim dhe duke qenë pjesë e udhëheqjes në këtë organizatë, cili është mesazhi juaj për fëmijët shqiptarë, prindërit dhe familjet e tyre gjithashtu?

ML: My message to Albanian children is that we as a culture must be proud of our ancestors and the generations before us. We are living the lives we have today because the generations before us made sacrifices to secure the future. I think of my own parents who took a risk leaving the comfort of the known to enter the unknown with so many unforeseen possibilities, but they held courage in their hearts and dreams of a better life for their family. My parents, like so many Albanian immigrants, arrived in the United States during the 1970s without any academic skills and yet managed to succeed. This generation of Albanians accomplish success because of the cultural values they carried from abroad such as hard work, loyalty, perseverance and respect for the community. Adhering to these basic principles of life were major factors in their achievements. As a youngster, living in the Bronx, I recall my generation hardly ever having the opportunity to meet or hear of an Albanian-American teacher, doctor, lawyer or famous artist. We just did not have role models in these professions. I am extremely proud of the accomplishments that Albanian Americans have made in recent decades, but we must never forget those individuals who came before us who had courage and determination. We must remember these Albanian role models because despite their sacrifices and hardships, they maintained their dignity and paved a solid foundation for future generations of Albanians living in diaspora.

115

MB: Cili është mendimi juaj për shkollën dhe përpjekjet shqiptare në Diasporë?

ML: "Language is the main blood vein to nourish all aspects of culture." I am very proud of Drita Gjongecaj and all the dedicated individuals involved in the efforts to sustain and maintain Albanian language schools in the diaspora. Honestly, I wish I had the opportunity of attending an Albanian language school as a youngster because academic studies continually reveal that bilingualism has many cognitive benefits. Balanced bilinguals have a greater perception of their world. Therefore, availing our children to these programs is vital and we must continue to support language schools to preserve our Albanian language and culture.

MB: A mendoni vërtet se populli shqiptar ka arsye për të qenë krenar bazuar në vlera përmes historisë?

ML: I am proud of the Albanian people because historically we have shown tantamount resilience through centuries of foreign occupation, oppression and discrimination. I believe our strength has been our adaptability, while never compromising those core values that our forefathers have ingrained in us like handwork, respect for family and community and of course... "Besa" our word. Adaptability is not about losing something that already exists. It's about improving to move forward in a rapidly changing world. A great example of this is how Albanian teachers in diaspora quickly and diligently rose to learn how to use new technology to provide optimum instruction for their online students. AADLC spearheaded contingent online training which was very optimistically received by conscientious Albanian educators worldwide.

RAIMONDA MOISIU

Gazetare, shkrimtare, ish-kryetare e Lidhjes së shkrimtarëve shqiptaro-amerikanë

Marjana Bulku: Çfarë roli ka luajtur letërsia në jetën tuaj?

Raimonda Moisiu:
Së pari dëshiroj t'ju falenderoj për këtë intervistë, ju ndjek me interes të veçantë dhe lexoj çdo shkrim tuajin që botoni në median shqiptaro-amerikane, atë shqiptare dhe rrjetet sociale. Më pëlqen stili juaj, gjuha e pasur, filozofia që shfaqni në to, më pëlqen përkushtimi dhe profesionalizmi tuaj.

Ju më pyesni për letërsinë dhe rolin e saj në jetën time. Mund t'ju them se letërsia ka pushtuar të tërën, jam gati të bëj çfarëdo sakrifice për letërsinë dhe krijimtarinë time. Unë, megjithëse jam zonjë shtëpie, mund të rri me orë e orë të tëra mbi kompjutër, pa pirë edhe një kafe. Qysh në fëmijërinë dhe adoleshencën time, unë kam qënë një lexuese e pangopur e librave. Daja im i ndjerë, vëllai i vetëm i nënës sime, inxhinier pyjesh, pasionant mbresëlënës i letërsisë, dhe një bukinist i shkëlqyer do të ndikonte tek unë, mbesa e tij, me detyrimin ndaj leximit të "bibliotekës sekrete" të tij në tavanin e shtëpisë, mjaft e pasur me libra të autorëve më të shquar botërorë që nga: Fan Noli e Konica, Tolstoi, Dostojevski, Aleksandër Dumas, Gorki, Petro Marko, Dritero Agolli, Ismail Kadare, Fatmir Gjata, Haki Stërmilli etj. Nuk e ekzagjeroj po t'iu them se në moshën 12-13 vjeçe kam lexuar librat e ndaluar për kohën: *"Zonjusha me orkide"* e *"Belami"* të Dumas, *"Qyteti i Fundit"*, dhe *"Hasta La Vista"* të Petro Markos, *"Sikur të isha djalë"* i Haki Stërmillit, *"Marsejeza"* e Justin Godart dhe *"Nëna"* e Gorkit.

Unë kam lindur dhe jam rritur në lagjen e aristokracisë myslimane të Korçës, e rrethuar nga erudicioni i dijes e kulturës i mësuesit Shefqet Selimaj, një burrë i mençur dhe i ditur, mësuesit tjetër për arsimin fillestar Haxhi Çili dhe mësueset, Zhani Zheku, Vasilika Grameno(mbesa e Mihal Gramenos) dhe Nimete Shtylla. Mësuesi i gjuhës dhe i letërsisë në arsimin e hershëm, që ka pasur ndikim të jashtëzakonshëm tek unë, ishte Sotir Naçi, biri i mësuesit të shquar të Mësonjtores së Parë Shqipe, Nuçi Naçi. Do dëshiroja të përmendja edhe mësuesen e letërsisë Liri Dhrima, në shkollën e mesme të gjuhëve të huaja, ajo për mua mbetet modeli shëmbullor dhe profesional i dijeve, njohëse e shquar e gjuhës dhe e letërsisë shqipe e asaj botërore. Statura e saj qytetare, intelektuale e dijeve dhe e mësonjëses ka pasur një ndikim të jashtëzakonshëm në formimin tim. Kam qenë e rrethuar nga njerëz të shquar të artit, kulturës, arsimit, letrave shqipe, historisë, e rrethuar nga familje të mëdha historike ndër kohëra, si ajo; e bejlerëve Mytevelinj, e Merdanëve, e Tuxharëvë, e Tabakëve, e Profesorit dhe e historianit të shquar korçar, Nedim Thëllimi, e rrethuar nga fermerë fisnikë e modestë që gëzonin virtytet më të mira të njeriut, pra në lagjen ku lartësohet Xhamia e Iljaz Bej Mirahorit të madh, themeluesit të Korçës moderne. Kështu që unë u rrita dhe u edukova, duke vështruar erudicionin e mençurisë dhe urtësisë intelektuale e krijuese të atyre sa përmenda më lart.

Të gjitha këto së bashku me kujdesin dhe rigorozitetin e nënës sime, si mësuese, ndikuan në formimin tim mendor të dijeve dhe pasionit tim për letërsinë. Dhe në vetminë time fillova të shkruaja atë çka më frymëzonte dhe shikoja për momentin. E shkruaja kudo, në fletoret e shkollës, në cepat bosh të librave, deri aty sa shkruaja me shkumës në dyert e shtëpisë, apo me pendën me bojë në çantën e shpinës. Të shkruarit është prirje dhe talenti është thjesht "kryeneçesi", që kërkon kohë, durim, vetmi dhe qetësi. Të shkruarit është ndjenjë e fortë e brendëshme që ka një kundërshtar të madh, që vjen e rritet përditë, të konsideruarit "zanat". Të jesh shkrimtar është një nga zanatet më vetmitarë në botë. Sepse një shkrimtar nuk është i ndryshëm nga një murator apo shofer autobuzi. Secili prej tyre vepron me disiplinë. Kjo nuk është detyrë e lehtë, sepse kërkon vetmi, përkushtim, kurajo, guxim dhe vullnet për ta bërë atë.

Në kuptimin se ti vetë gjatë procesit të të shkruarit nuk je vetvetja, por është dikush tjetër. Shkrimtari është si ai "gjeologu", që rrëmon në thellësitë e shpirtit, kujtesës, mendimit dhe përvojave jetësore të tij, të njerëzve të afërt apo edhe të atyre që e rrethojnë. Në teatër, film apo në një zyrë, tek kolegët, regjizorët, aktorët apo producentët, etj, ndërsa kur shkruan je brenda botës tënde shpirtërore, emocionale dhe frymëzuese, krejt e vetmuar. Duhet të biesh në dashuri me të shkruarin dhe personazhin apo çka je duke shkruar për të, kjo të bën t'i tolerosh vetvetes, vetminë e të shkruarit dhe vëmendja është vetë-mposhtur në një mënyrë. Ka dy gjëra të vlefshme që lënë pas, të paktën për mua si shkrimtare; njëra është që shumicën e kohës gjatë procesit të të shkruarit e kaloj në një dhomë duke jetuar me veten në një botë imagjinare, dhe tjetra është për të përfshirë në këtë botë imagjinare gjerësisht në lidhje me atë se çfarë mund të bëjmë teksa në jemi me këmbë në tokë. Ajo më mori kohë për të kuptuar se çfarë duhet e si duhet të sfidosh që të bëhesh një shkrimtar, poet apo artist. Unë kam mbaruar arsimin e hershëm me rezultate të shkëlqyera, dhe më pas mora një të drejtë studimi në gjuhët e huaja, dega anglisht.krahas gjuhës shqipe në Fakultetin e gjuhëve të huaja unë vazhdova për gjuhë dhe letërsi Angleze dhe Amerikane. Sic e theksova edhe më lart unë kam vite që shkruaj, që në fëmijërinë time, por kur erdha në Amerikë i solla me vete tërë "zhgaravinat" që kisha hedhur në disa fletore dhe mundësia e ballafaqimit me teknollogjinë kompjuterike më dha mundësinë të shpalosja këtë aftësi, pasionin tim për letërsinë dhe për të shkruar. Tashmë, unë me mund e sakrifica, me mëndje të shëndoshë e krahë të fortë, kam krijuar profilin tim si autore që i përket Letërsisë Post-komuniste të Diasporës dhe si gazetare e pavarur, publicistika është pasioni im i pashuar ndonjëherë.

MB: Kemi lexuar veprat tuaja, ju ndjekim teksa bashkëbisedoni me personalitete kryesisht të kulturës, jeni reçensuese e shumë veprave dhe autorëve, a mund ta dijmë se ku ndjeheni me mirë?

RM: Jeta është sa e bukur po aq edhe çuditëshme. Është sfidë dhe nuk është ajo që secili nga ne ka ëndërruar apo vazhdon të ëndërrojë. Çdo gjë ndodh për një arsye, njerëz të ndryshëm, qofshin të afërt apo të largët hyjnë dhe dalin në jetën tonë. Çdo gjë në jetë është bashkëpunim, bashkëbisedim dhe mirëkuptim. Të gjithë faktorët natyrorë, njerëzorë dhe fizikë bashkëpunojnë dhe bashkëbisedojnë të prodhojnë mirëkuptimin, frymë e jetë, zhvillimin e shoqërisë dhe vazhdimësinë e jetës në këtë botë.

Unë kam punuar dhe vazhdoj të punoj shumë fort, që ta ndërtoj dhe ta menaxhoj jetën dhe krijimtarinë time. Nuk ka qenë e lehtë, me mund e sakrifica fizike, mendore, financiare dhe pasion, jam përpjekur gjithmonë që të jap më të mirën e të bukurën me shkrim. Dhe sa herë i hedh sytë krijimtarisë sime mendoj thellë në vetvete, se çfarë më duhet të shkruaj në të ardhmen, pra atë, të cilën nuk kam mundur ta bëja më parë. Të qenët shkrimtar, poet apo prozator, është mëse njerëzore, dhe jo luks. Unë kaloj netë pa gjumë, duke medituar për funksionimin e poezisë, po kështu unë meditoj edhe për prozën, analizat letrare apo publicistikën. Kjo mund të jetë më e vështira dhe seriozja për një autor, së paku për atë krijues që lëvron letërsinë artistike dhe publicistikën. Në fakt unë jam shumë e apasionuar pas publicistikës, dhe këtë e tregojnë intervistat që unë kam zhvilluar me personalitete të fushave të ndryshme, në dy gjuhë shqip dhe anglisht, dhe për hir të së vërtetës janë 201 intervista, 61 prej tyre të botuara tashmë në vëllimin e parë *"Letrat shqipe këtej e përtej Atlantikut"*, dhe aktualisht gjendem në përgatitjen e draftit për botim, me 140 intervista. Kam shkruar dhe vazhdoj të shkruaj pa fund, editoriale, kolumna dhe opinione për dhunën në familje, dhunën ndaj gruas, ndaj fëmijëve, ndaj adoleshencës, tëdhunës seksuale maskiliste, për bashkëjetesën e dhunës sociale me atë politike e cila dëmton aftësinë e shoqërisë, duke dhënë mendimin dhe ndihmesën time qytetare, intelektuale dhe krijuese për të kuptuar dinamikën e rritjes së ndërgjegjësimit të vetë shoqërisë. Kam disa vite që merrem edhe me kritika, analiza dhe studime letrare, krijime këto që paraqesin raportin njerëzor mes letërisë artistike dhe letërsisë dokumentare.

MB: Jetojmë në epokën e virtualitetit, ku shpesh herë klikimet jo gjithmonë e masin vlerën e vërtetë, po ju, si e masni ju vlerën e veprës letrare apo edhe të mendimit publicistik.

RM: Ka një masivitet të madh të njerëzve që shkruajnë, sepse janë shtuar edhe njerëzit me strese, dhe i publikojnë krijimet e tyre virtualisht në rrjetet sociale. Vërej që ka tre kategori opinionesh për njerëzit që shkruajnë: një kategori përbëhet nga lajkatarë, një tjetër nga cmirëzinj e njerëz të rënë në dashuri me krijimet e veta; të dyja janë ego vetgjymtuese e vetëvrasje intelektuale. Kategoria e tretë është ajo e njerëzve të ndershëm, të paktë në numër e që sa vjen e po pakësohen. Pëlqimet dhe klikimet në rrjetet sociale në letërsinë dixhitale dhe media kanë ndryshuar aspektet si në qasje, shpërndarje, analizat, konceptualiteti dhe sigurisht përcaktojnë literaturën. Mediat e reja kanë ndryshuar atë që do të thotë të lexojnë e shkruajnë, të konsumojnë dhe prodhojnë. Mua nuk më bezdis aspak kjo puna e klikimeve, se sa ajo që mua më duhet të ekuilibroj gjendjen shpirtërore e pasionin në përshkrimin e realiteti plot jetë, mbresëlënës që mbart në vetvete magjinë e ndryshimit e të shpresës, të mëkoj ëndrrat, që unë dëshiroj të arrij në rrugën e krijimtarisë, të bëj të pranishëm në krejt botën shqiptare zërin krijues, qytetar e intelektual femëror, t'i bëj sfidë mentalitetit dhe atavizmit maskilist ndaj krijimtarisë femërore, dhe të përcjell mesazhin e bukurisë së shpirtit njerëzor.

MB: Cila është gjinia letrare ku ju ndjeheni më mirë dhe nëse është e mundur na sillni diçka që mbetet e arrirë në krijimtarinë tuaj.

RM: Janë ndjenjat idealiste që më bëjnë të shkruaj për dhimbjen e dashurinë e të tjerëve, sigurisht edhe timen. Kur je duke shkruar, një ide merr jetë, magnetizohet me idetë e tjera në drejtim të saj, dhe ajo që dëshiron të bësh më pas të shtyn të shkruash ngjarjen ashtu sikundër ka ndodhur, se si ajo ngjarje i ka prekur njerezit, mendon disa momente dhe më pas fanatazon. E rëndësishme dhe interesante është që të japësh maksimumin e ngjarjes që ta bësh lexuesin ta ndjejë, të befasohet, të përcjellësh mesazhin e dashurisë njerëzore, t'u ngresh moralin shpirtëror dhe më kryesorja është që idetë të marrin jetë për të treguar një ngjarje. Mënyra e të shkruarit është një element shumë interesant dhe i pashpjegueshëm. Shkoj për të fjetur, marr edhe diktofonin me vete. Jam në proces të të shkruarit të një libri, poezie apo publicistikë. Më vijnë lloj-lloj mendime e ide të ndryshme, zgjidhja e kapitujve të ndryshëm, strofave, opinion apo esse analizë letrare, i regjistroj në diktofon që të mos i harroj.

Kur zgjohem në mëngjes teksa pij kafen në tryezën e punës pranë kompjuterit, papritur më lind tjetër ide krejtësisht e ndryshme, që do të thotë se frymëzimi, muza, idetë, ëndrrat janë diktuar në një pjesë të jetës. Ka ëndrra prej tyre që kanë kuptim, ka të pakuptimta, sigurisht të gjithë kemi të tilla, por ato kanë rëndësinë e tyre të veçantë në jetën tonë, pra në rastin tim ato marrin kuptim nëpërmjet letërsisë dhe publicistikës. Dhe nuk janë të pakta shkrimet e mija në këtë gjini, shkrime që kanë marrë vlerësime nga personalitete të njohur në letrat shqipe. Dhe arrita ia dola. Para dy viteve botova librin me vështrime, kritika e studime letrare, të titulluar "*Në gjurmë të fjalës*", dhe romanin "*S'i them askujt*" të dy librat u botuan nga shtëpia botuese "Adonis".

Deri më tani jam autore e 14 librave në prozë, poezi e publicistikë dhe bashkëautore në dhjetë antologji kombëtare e ndërkombëtare me poezi shqipe dhe angleze, jam bashkëautore në antologji me prozë e publicistikë, që shkojnë në 20 libra. Të rritesh e të maturohesh, sigurisht që na merr kohë, punë e sakrifica, më tepër ngase ne e mendojmë dhe e perceptojmë. Ndërgjegjësimi se nuk jemi të përjetshëm, andaj duhet të përpiqemi që t'i kuptojmë eksperiencat dhe përvojat njerëzore.

MB: Një shkrimtar mbetet gjithmonë i angazhuar, pra pendën dhe talentin nuk ta ndal dot askush, a jeni ndjerë ndonjëherë e penguar, e paliri?

RM: Është një lojë e rrezikëshme t'i kërkosh shkrimtarit se çfarë ata mendojnë, kur shkruajnë në lidhje me një temë të përgjithëshme, sepse vetë shkrimtari është lexuesi është më pak objektiv i punës së tij, por një nga gjërat që mua më intereson si shkrimtare është sfera e ndikimit te çdo personazh apo lexues, që do të ndikojë në botën time dhe me ambientin që më rrethon. Vështrimi artistik dhe filozofik, është i rëndësishëm dhe ndikues në shfaqjen e asaj që është njerëzore dhe çfarë jo. Angazhimi dhe përgjegjësia e një shkrimtari është e njëjtë si çdo tjetër në kohë vendimtare: të glazurojë, të joshë dhe të përshkruajë realitetin në kohë e hapësirë. Megjithatë, ju këmbëngulni për diçka esenciale dhe mbase esencialja mund të jetë kjo: duke e filluar nga vetja ime, unë me mund e sakrifica kam fituar pavarësinë dhe forcën gjatë jetës, jam shumë e lirë, dhe liria ime është modeli i sinqeritetit; pra Vetvetja. Këtë e reflektoj edhe në krijimtarinë time, ku liria ime është e pafrikshme, e çiltër e pa komplekse. Që do të thotë se frymëzimi, muza, idetë, ëndrrat janë diktuar në një pjesë të jetës dhe lirisë për të jetuar e shprehur.

Gjithkush mendon se shkrimtarët shkruajnë në libra pjesë nga jeta e tyre. Këngëtarët i këndojnë vetes së tyre. Regjizorët bëjnë filma për jetën e tyre dhe piktorët pikturojnë potretet e tyre sekrete. Vërtet jeta është baladë dashurie, gjithmonë besoni në dashuri. Dashuria e vërtetë nuk vdes, sado kohë të kalojë, zemrat kanë të njëjtën rrahje si në fillim të saj dhe sekreti i zemrës mund të ndryshojë gjithçka. Dashuria njerëzore triumfon në jetë. Por ngadalë me kalimin e kohës vë re se shumë nga gjërat që ke përjetuar, i mendon se janë të dobishme, për t'i shkruar, ashtu sikundër janë jetuar me dhimbjen e shpresën, me gëzimin dhe hidhërimin, me të bukurën e të shëmtuarën, me optimizmin dhe pesimizmin, me idealizmin dhe groteskën, pra përvojat jetësore. Gjithashtu përpiqem ta bëj çdo libër më të mirë se ai më parë. Për mua më e vështira në artin e të shkruarit ka qënë pjesa kur dhimbjen dhe dashurinë time në shpirt, apo harenë e gëzimin ta kthej fenomen shoqëror apo historik.

MB: Sa rol luan kreativiteti në cilësitë e individit, çfarë tjetër sipas jush e bën të veçantë dhe kreativ individin si qenie e angazhuar?

RM: Shkrimtari apo poeti i shërben një periudhe të caktuar historike, një populli e një kombi të caktuar. Edhe diçka tjetër që më ka rënë shpesh në sy dhe më ngjan se po bëhët "traditë". Sigurisht që çdo shkrimtar jeton në një kohë të caktuar dhe i takon po një kohe e sistemi të caktuar dhe rrjedhimisht krijimtaria e tij/saj, do të jetë e angazhuar dhe është militant i problemeve të kohës në të cilën jeton, por shkrimtari kurrësesi nuk është zëdhënës i një grupimi politik, por në opozitë me shtetin, qeverinë, partitë politike të cilat fatkeqsisht interferojnë ngado. Por unë sigurisht shpresoj që gjërat do të vazhdojnë të ndryshojnë për mirë. Asnjë shoqëri nuk është statike.

Krijimtaria letrare nuk duhet paragjykuar. Duhet kuptuar në kohën e kushtet kur është shkruar, ajo ka një emër të shenjtë; arti i të shkruarit. Ndërsa shkrimtarët e vjetër shpalosën ide të mëdha që bota duhet të ndryshonte, për një kohë të re e me koncepte të reja, do t'jua kalojnë të rinjve stafetën, të marrin përsipër luftën për ndryshim që është një luftë e vazhdueshme. Dhe shpresoj se kjo do të vijë. Në dashuri, në art, në jetën social-ekonomike-politike njeriu është vetëm gjysma, ndërsa gjysma tjetër është figura, vepra, mendimet dhe filozofia e tij. Pra jemi ne që bëjmë art e jetë, në një trup e mendje të vetme përcjellim-mesazhin e dashurisë njerëzore.

GJON BUÇAJ
NIKOLETA BUÇAJ

Marjana Bulku: Çifti Buçaj, simbol mikpritjeje sa herë që Vatra çel dyert ju jeni aty me prezencën e përzemërt e bujare që qartazi dëshmon karakterin tuaj, çfarë i keni dhënë Vatrës në këto vite duke qenë drejtues i saj, çfarë ju ka dhënë ajo juve.

Gjon dhe Nikoleta Buçaj:

Mikpritja asht nji ndër virtytet e thelbit etnik të shqiptarit, prandej na në Vatër përpiqemi t'i presim mysafirët me përzemërsi simbas traditës si dhe me qellim që ata të ndjehen si në shpi të vet; Vatra, në të vërtetë, asht shpi e të gjithë shqiptarëvet, prandej edhe quhet "Vatër", rreth të cilës mblidhen antarët e familjes. Përpiqemi që të jemi të dy së bashku, sidomos kur mysafiri ose ndonji nga mysafirët asht femën.

Përsa i përket pjesës tjetër të pyetjes, mund të them se Vatrës do të doja t'i kisha dhanë ma shumë, por kohën dhe përpjekjet për t'a ndimue, ia kam kushtue me dashuni, i motivuem kryesisht nga idealizmi atdhetar i paraardhësavet tanë. Kam pasë fatin të kem bashkëpuntorë të përkushtuem për arritjet sado modeste që mund të jenë. Kemi hapë ose rihapë degë në disa shtete të Amerikës e në Kanada dhe, kështu, kemi rritë numrin

127

e antarëve. Në vitin 2012 kemi përkujtue 100-vjetorin e themelimit të Vatrës me nji konferencë shkencore dhe me nji darkë kremtimi, ku kanë marrë pjesë ma se 1000 vetë, nga shumë anë të Amerikës, të Kanadasë dhe t'Europës, si dhe nga trojet tona. Atë kremtim e kemi njehë si përkujtim e mirënjohje për themeluesat dhe për ata që e mbajtën Vatrën gjatë nji shekulli, në shërbim të çashtjes kombëtare. Me pjesëmarrjen n'atë kremtim të klerikëvet ma të naltë, si përfaqësuesa të besimevet tona tradicionale, kemi dashtë me dëshmue randësinë që Vatra, në traditën e trashigueme prej Rilindjes, i jep harmonisë ndërfetare te shqiptarët dhe e çmon si gur me randësi në themelin e ndërtesës së përbashkët të kombit.

Nga Vatra, si organizatë vullnetare dhe jo fitimpruse, askush nuk pret ndonji shpërblim material, por vetëm moral: kënaqsinë kur je i vetëdijshëm se, me anë të saj, ke kontribue për interesin kombëtar. Jam i nderuem dhe i lumtun që kam pasë rastin t'ia ndiej atë kënaqsi për kontributin tim sado e vogël.

MB: Ju jeni larguar nga Shqipëria në moshë të re, në vitin 1951, si ka mundësi që gjuha shqipe, traditat kanë mbetur kaq të gjalla tek ju?

GjB: Besoj se kjo mund të spjegohet nga disa faktorë, tue fillue prej karakteristikës së shqiptarit si tradicionalist, cilësi të cilën e ka luftue komunizmi për t'i lëshue rrugë krijimit të "traditave" të reja të ideologjisë së huej që, për afër gjysmë shekulli, helmoi përbamjen shpirtnore të kombit. Qëndresa kundër kësaj ndërhymjeje shkatrruese e spjegon deri dikund egërsinë me të cilën regjimi e nënshtroi tragjikisht kombin, sidomos segmentet e tij, ku kjo qëndresë ishte ma e fuqishme.

Përveç asaj, në fatkeqsinë e largimit prej atdheut, kam pasë edhe fatin e mirë me qenë me gjithë familje, antarët e së cilës ishin të moshave të ndryshme. Kudo që na ka hjedhë fati, të rijt i kanë mësue gjuhët e vendit në shkollë ose në punë, por prania e të vjetërve ka ndimue që në shpi të flitet vetëm shqip. Të vjetrit ankoheshin se komunizmi, përveç tjera të zezave, luftonte edhe traditat, prandej besoj se vetvetiu ka lindë dëshira me i ruejtë ato. Kështu asht krijue, në mënyrë spontane, nji lloj mbështjellësi virtual rreth familjes për mbrojtjen e traditave të mira nga tjetërsimi, qoftë me humbjen e tyne ose me depërtimin e veseve këqija të ambjentit rretherrotull. Në këtë kuptim, në kontaktin e parë me njerzit tanë mbas periudhës së komunizmit, asht vrejtë shpesh njifarë ndryshimi, pse na ishim të kohës kur kishim lanë vendin, kurse ata të vitit të takimit.

Nji spjegim tjetër, besoj, vjen nga fakti se atdheun e vlerëson dhe e don ma shumë kur të mungon, e ne na ka mungue për shumë kohë. Atdheu përfshin jo vetëm vendin si kuptim gjeografik dhe popullin, por edhe trashigiminë historike, kulturore e shpirtnore, ku bajnë pjesë edhe traditat dalluese të brumit tonë etnik.

MB: Nëse do bënim një udhëtim në kohë në cilin vit do ndalonit, cilën ngjarje e ruani ende të gjallë?

GjB: Janë shumë, prandej e kam të vështirë të veçoj nji vit ose nji ngjarje të vetme. I kam shumë të freskëta kujtimet dhe të forta mresat e disa ngjarjeve në vitet e jetës sime: ardhja e komunizmit, vrasja e babës, ikja me familje prej Shqipnije, dy burgosje në Jugosllavi, dalja në botën e lirë, vdekja e vëllaut, martesa, diplomimi në mjeksi, ardhja në Amerikë, shembja e komunizmit, lufta e Kosovës me tragjedinë dhe lavdinë e saj dhe pavarësia, antarësimi i Shqipnisë në NATO, largimi i Nanës nga kjo jetë, qindvjetori i Vatrës. Megjithatë po veçoj vitin 1947 në nderim të kujtimit të Nanës me mirënjohje, kur jam largue prej shpije në kërkim të shkollimit. E vejë me katër fëmij të vegjel, megjithëse në nji familje të madhe me kunetën e kunata ku ndima e kujdesi nuk mungojshin, Nana kishte nevojën e fëmiut ma të madh. Megjithatë, ajo më nxiti e më dha bekimin me shkue larg shpisë, në kërkim të nji ardhmënije që mund të ndërtohej vetëm me shkollim.

MB: Cila është historia më e bukur e jetës tuaj?

GjB: Padyshim harmonia dhe dashunia në jetën familjare, nga ku buron shija për jetën dhe energjia me ecë përpara.

MB: Shqipëria ka përjetuar shumë udhëkryqe, cili mendoni se ia ka kërcënuar seriozisht të ardhmen asaj?

GjB: Kadare thotë se kombi shqiptar ka përjetue dy kataklizma, të cilët ia kanë ndryshue fizionominë: okupimi afër pesëshekullor otoman dhe komunizmi. Të dy këta faktorë kanë qenë okupues, me ndryshimin se ai otoman u imponue dhe u mbajt gjithnji me praninë e kambës së huej, kurse komunizmi u përqafue nga nji pjesë e shqiptarëve të cilët, me porosinë dhe ndimën e anmiqvet shekullorë të kombit, e imponuen dhe e mbajtën me dhunë për afër nji gjysmë shekulli. Komunizmi, i përhapun nga shqiptarët shërbëtorë të këtij okupimi ideologjik, ka mujtë me depërtue edhe në familje, në çerdhet ma intime të shoqnisë shqiptare, ndërsa kamba e huej e okupatorit, qoftë otoman ose e kujdo tjetër, ka mbetë gjithmonë e hueja dhe, si e tillë, nuk ka mujtë me nxanë vend as me damtue si mikrobi i mbrendshmi i sëmundjes komuniste.

Me ndryshimin e palcit etnik dhe me izolimin nga bota e civilizimit perëndimor, regjimi komunist e ka kërcnue të ardhmen e identitetit tonë si komb dhe, me politikën vetëvrasëse të internacionalizmit, e ka lanë Shqipninë pa aleanca mbrojtëse për të ardhmen e saj si shtet i pavarun.

MB: Teksa ju sheh bashkë me "Zambakun e Prizrenit", zonjen tuaj Nikoleta, nënkupton se lidhja juaj bashkëshortore është inspiruese brenda familjes por edhe jasht saj, dua mendimin tuaj të përbashkët cilat do ishin tre tipare thelbësore që gruaja nënë, zonjë do duhej ti trashëgonte tek bijat, nuset, zonjat përreth?

GjB: Ndershmënia, bujaria dhe përkushtimi për familjen.

MB: Intelektuali dhe patrioti, veprimtari dhe humani Buçaj që jetën e vet e lidh ngushtë me atë të atdheut, cila mendoni se është ngjarja më e bukur që i ka ndodhur ndonjëherë Shqipërisë që sot duket e pashpresë?

GjB: Pavarsia e Shqipnisë, që u realizue në nji moment kritik për ekzistencën e kombit, asht pa dyshim ngjarja ma fatlume, edhe pse përfshiu ma pak se gjysmën e popullsisë dhe të trojevet etnike. Pa atë shqiptarët do të mbeteshin të shpërndamë nën sundimin e anmiqvet, pa forcë dhe pa identitet. Nji pjesë do të asimilohej dhe të tjerët do të zhdukeshin ose do të shpërnguleshin me dhunë. Prandej kombi asht përjetësisht mirënjohës rilindasve që e kapën momentin dhe sakrifikuen edhe jetën për shpëtimin e tij. Por ngjarja ma e bukur që i ka ndodhë Shqipnisë e që unë e kam përjetue, asht shpërbamja e komunizmit. Mjerisht, për nji pjesë të madhe të shqiptarëvet, gëzimi dhe entuzjazmi i asaj ngjarjeje i kanë lëshue rrugën zhgënjimit e dëshprimit, pse me lirinë nuk erdhi drejtësia as mirëqenja e barabartë, por vorfnija dhe diskriminimi ekonomik dhe politik. Sikur politikanët e tranzicionit të kishin pasë pak nga idealizmi dhe përkushtimi i rilindasve, Shqipnia do të dukej sot ma mirë dhe me shpresë ma shumë për të ardhmen.

MB: Pse po ikin shqiptarët, a e ve kjo në pikpyetje patriotizmin e tyre?

GjB: Ikja në masë e familjevet shqiptare, sidomos në këto vitet e fundit, asht nji akuzë e randë kundër qeverisë që, në krye të rendit të ditës ka blemjen dhe manipulimin e votës në luftë për pushtet dhe për pasunim të paligjshëm, dhe jo krijimin e jetës ma të mirë e ma të drejtë për qytetarët e vet.

Për gjeneratën time, motivi për të lanë atdheun ka qenë kërkesa për liri dhe shpëtimi prej përsekutimit, në shumë raste edhe shpëtimi i jetës. Sot, shumica e familjevet që ia këthejnë shpinën atdheut, kanë për motiv nji jetë ma të mirë dhe nji ardhmëni ma të sigurtë që në atdhe nuk e kanë. Vorfnija asht aq e madhe sa, në shumë raste, familjet nuk e kanë të sigurtë as bukën. Mjerisht, edhe shumë të rij që ende nuk kanë krijue familje, nuk shohin shpresë për të ardhmen e tyne, prandej detyrohen ta kërkojnë atë jashtë vendit. Rrjedhimisht, mendoj se largimi i shqiptarëvet sot, ve në pikëpyetje ma tepër patriotizmin e politikanëve të korruptuem, se sa të atyne që largohen. Nuk ka dyshim se komunizmi e ka damtue ndjenjën e patrotizmit, por ky damtim asht shumë ma i dukshëm te klasa politike, e cila asht përgjegjëse për mungesën e krijimit të kushteve ma të mira të jetesës për qytetarët gjatë periudhës së tranzicionit.

MB: Konservator dhe novator, çfarë kanë trasheguar bijtë tuaj nga ju?

GjB: Dashuninë për vendlindjen e prindvet dhe për vendlindjen e tyne, Amerikën, ruejtjen e gjuhës dhe respektin për traditat dhe për historinë tonë, ndershmëninë dhe korrektesën në punë e në shoqni ku jetojnë...
      Qofshi të bekuar

PROFILE

FADIL BERISHA

Ai është një emër i njohur në botën amerikane dhe atë shqiptare pasi ka një profil ku shkrihet profesionalizmi dhe humanizmi. Përmes fokusit fotografik syri i tij sjell tek ne bukurinë njerëzore; natyralen, provokativen, pozanten, të pastrën, të kultivuarën, të retushuarën, atë para të cilës gjithkush kthen kokën dhe thotë Waw sa e bukur!

Studio e tij është katalizator i të bukurës jo vetëm vizuale por edhe asaj artistike. Nuk ka artist që nuk e ka takuar objektivin e Fadil Berishës të paktën një herë në jetë.

Unë pata rastin ta prek për disa orë ritmin Berishian të fotografisë së tij. Studio e tij për pak orë do të shndërrohej në studio mendimi për shkak të intervistave historike që do të zhvillonim aty.

Syri i Fadil Berishës nuk gabon, ai di ta dallojë objektin përballë, një sy shqiponjë si ato të majave alpnore të krahinës nga ai vjen, mbase edhe ky tipar e ka ndihmuar ti lartësojë gjithmonë kualitetet e punës.

Ky të paktën ishte impresioni im i parë pas takimit të parë me të. Aty mund të dallosh. ritmin, organizimin, bashkëpunëtorët. Një mjedis pune ku nuk ka fjalë, ka vetëm shkrepje të aparatit që fokuson njeriun dhe dekor ka lirinë krijuese të mjeshtrit Berisha e herë botën. e brendshme të personazhit që nëpër syrin e tij artistik printon në paharrim momentin fotografik të dritës mbi bukuritë njerëzore të jashtme dhe të brendshme.

Maestro Berisha mbetet pa asnjë dyshim akademia nëpërmjet të cilës promovohet e bukura brenda njeriut duke i dhënë asaj përmasën e vlerës në një botë ku e bukur është. gjithmonë ajo që vlen.

Dr. Shpresa Xhakli
Dritëfestash me Dr. Shpresën

Në ditët e veçanta të vitit kur vëmendja njerëzore përqëndrohet në tërësinë e akteve që jetën e bëjnë edhe më njerëzore duke e zhveshur nga paudhësitë e kohës që jetojmë, kujtesa ime shtegtoi e ndaloi te doktoreshë Shpresa Xhakli. Një portret fisnik përtej të cilit jeton një shpirt po aq fisnik. Është gruaja që nuk ndalon së ecuri, kërkuari, ndihmuari njerëzit që jetojnë me autizmin. Kur komunikova për herë të parë me të u përlota jo për dhimbjen që përjeton nëna me fëmijën autik por për forcën që gjen gruaja të përkrahë në çdo ditë të vitit dhjetra e dhjetra raste ku dramën më të madhe e vuan jo vetëm individi i prekur nga kjo fatkeqësi e lindur por edhe. mjedisi i ngushtë familjar që jeton pa ia ditur anët e errëta dhe të ndritëshme që shfaq autizmi. Është gruaja që nuk bën show me sëmundjen, por nuk ndalet duke rrëfyer për të, Është mjekja që edhe pse përlotet para sëmundjes e din mirë se loti nuk e zbut atë por edukimi sistematik dhe trajtimi i pandalshem, të cilat munden tia lehtësojnë efektet e padëshiruara. Doktoreshë Shpresa rrëfen shtruar, maturisht, ajo ka një jetë që nuk ndalet duke ndihmuar këtë kontigjent fëmijësh, familjesh, edukatorësh, kryesisht në Kosovë. Dërgon ndihma dhe shpresa pikërisht aty ku shpresa është pa shpresë, durimi lodhet dhe qetësia familjare prishet. Ajo e bën këtë gjë çdo ditë me ndjenjën e thellë të humanizmit që ia njeh çdo

137

përmasë autizmit falë profesionit por edhe përvojës duke e rrethuar sëmundjen me libra, edukim, dashuri, vëmendje e përkujdesje të përditëshme. Jeta i meriton këto drita shprese në çdo ditë të vitit sepse problematikat e autizmit janë të për çdo dite dhe jo show fundvitesh. E adhuroj komunikimin e butë dhe bisedor edhe pse emocionet prekin rrëfimin e saj me lot shpirti, duke ia lartësuar portretin e gruas, nënës, mjekes, humanistes që edukon heshturazi forcën dhe shpresën edhe kur ato treten. Është gruaja që nuk dorëzohet kur sëmundja shfaq agresivitetin, ajo ka trajnuar një rrjet edukatorësh duke i konsideruar ata si një mjet lehtësues në tejkalimin e krizave. E përpara portretesh të tilla humane mirnjohja natyrshëm falenderon që në botën tonë të gjallë e të paanë ekzistojnë modele jo ulëritëse por inspiruese që në mos çdo ditë të paktën kur dritat festive ndizen, le të jetë ON edhe vëmendja jonë prej kujtese. Gëzuar festat e fundvitit!

Marjana Bulku
dhjetor 2017

RIAD YMERI
Artisti që i ngjan aq shumë vendit të tij

Potent në skenë, me një zë të thellë sikur del prej mijëra vitesh e kërkon të thotë atë çka nuk u tha, i brishtë dhe human në jetë, Riad Ymeri. ndriçon në çdo skenë dhe podium ku interpreton.

Është fuqia vokale, plastika interpretative por mbi të gjitha formimi kulturor që ia plotësojnë portretin artistit-njeri dhe njeriut-artist, Riad Ymeri.

Dhe pyetja e parë që më erdhi ndër mend kur gushtin e kaluar e kisha në studion e Albanian Culture ishte: A i ngjan artisti vendit prej nga vjen?

Riadi është një tenor kosovar që ka një karrierë operistike në Shqipëri dhe Kosovë e vitet e fundit edhe në SHBA nga ku mundesh ta njohësh edhe më mirë artistin shumëdimensional. Nuk është nga ato që mburret e flet për veten por nga ato që din të thotë PO sa herë që i kërkohet të interpretojë. Dhe në fakt zëri i tij flet shumë, interpreton Moxartin e Verdin, Dizdarin e Gjonin dhe portreti i tij prej djaloshi mundet të shndërrohet edhe në Skënderbe, talenti dhe vullneti por mbi të gjitha shpirti nga i burojnë të gjitha këto ndërtojnë çdo ditë e më shumë një individualitet të spikatur artistik që e do skenën dhe që i duhet aq shumë asaj. Nuk ka vend më të bukur se skena për artistin prej nga aty ata të madhërishmit nuk duhet të largohen më. Është një marrdhënie shumëplanëshe ku Riadi din të shpalosë

139

kualitetin e zërit, ngyrat e tekstit në raport të ngushtë me kontekstin, shpërthimet vokale që i ngjajnë lartësisë së maleve tona, zhdërvjelltësitë aktoreske të mimikës, trupit dhe shpirtit që ia perfeksionojnë portretin artistik. Dhe një shqiptar patriot si ai din ta ngrejë në art Shqipërinë, Kosovën, historitë e tyre bashkë me heronjtë e përjetshëm. Mjafton një za i naltë si ajo jehonë kushtrimesh ku thirrjet, lutjet, brohoritjet, e bëjnë magjik vendin prej nga ai vjen, prej nga ne vijmë. Ti mundesh të këndosh Moxart e Bethoven, Bah e Puçin, por ai za është vals i maleve tona, luginave, historive, dramave, gëzimeve tona prej nga ka marrë jetë, sepse artisti i ngjan aq shumë vendit prej nga vjen.

HERMIRA GJONI

Ajo është cilësuar si mbretëresha e pianos nga kritika, bashkëpunëtorët dhe kolegët e saj por përmbi çdo çmim dhe vlerësim, vyrtytet njerëzore dhe ato artistike flasin vetë duke i dhënë portretit artistik konture njerëzore deri në perfeksion. Hermira Gjoni ka një karrierë artistike mbi 50-vjeçare nëpër skena muzikore, koncertore si në Shqipëri po aq dhe jashtë saj e aktualisht deri në SHBA ku ajo jeton që prej vitit 1996. Janë me qindra koncerte e bashkëpunime nga të cilat kualiteti artistik dëshmon perfeksionin e një artisteje e cila pasionin e vet mbi piano e rrëfen sa përmes lojës së saj plot zhdërvjellësi po aq edhe me dashurinë që ajo ka për pianon të cilën ajo e ushtron sa. përmes praktikimit po aq edhe edukimit në çdo rreth shoqëror ku prezenca e saj flet mjeshtërisht me atë. lojë tingujsh ku ndërthuret përvoja dhe puna sistematike, disiplina e fortë, studimi sistematik, kujtesa që lidhet me ngjarjet gjurmëlënëse artistike dhe një pregatitje kulturore për t'u admiruar e mbi të gjitha përmes një shpirti njerëzor plot klas e dije të gjithanshme që çdo njeri do kishte dëshirë ti rrëfehej apo referohej.

Hermira është bashkëshortja e kompozitorit të njohur Simon Gjonit, veprat e të cilit i kujton me përpikmëri dhe i luan me aq shumë dashuri, ajo është nëna e skenografit, piktorit, regjizorit dhe artistit Andis Gjoni, ku ndjehet natyrshëm se fuqia e dimensionit artistik te njeriu përveçse kultivohet me punë dhe studim, është padyshim genetik. Është vjehrrë e mjekes Zana Nikolla ku raporti nuse-vjehërr është aq i bukur, frymëzues dhe edukues.

Portreti i kësaj artisteje që ushqen me tinguj skena, ngjarje dhe lartëson artistët e tjerë që janë përkrah saj flet për njeriun e veçantë brenda saj; njeriun vital që ushqen atë artistik që publiku e ndjek dhe e duartroket, admiron dhe njeriun e zakonshëm, nënë, gjyshe e mike që jo gjithkush ka rastin ta takojë nga afër e që padyshim është më i veçanti profil jetësor plot virtyte. Pasioni për pianon vizatohet në qëndrimin e saj mbi të, ravijëzohet në gishtat që ndjekin rrjedhshëm notat, tingujt që vallëzojnë me fjalën dhe muzikën që bashkëjeton me kohën, veprat e vjetra e të reja e vjen tek ne si frymëmarrje edhe e atyre që nuk janë më duke valvitur gëzimin që sjell muzika.. Mbi piano ajo rrëfen këngën, fjalën, autorët, veprat të cilave artisti u jep jetë dhe përjetësi, rrëfen vetveten atë që u rrit mes pasionit për pianon dhe një pasioni që nuk rresht kurrë së rrituri artisten Hermira Gjoni. Pas shumë pjesësh muzikore ajo ndalet e rrëfen me po aq dashuri motivet që i lindën ato copëza historish që bashkëjetojnë në historitë muzikore sepse arti kurrsesi nuk është rastësor por një zinxhir reaksionesh jetësore ku në qendër është e bukura që prej artit jep dhe merr pa u ndaluar.

Rrëfen butësisht për historitë e familjes, për virtytet që i lexohen në çdo mendim dhe gjykim, flet mbi jetën e për fenomenet e aktualitetit që duket se e ka remedi muzikën. Profesoreshë Hermira i është kushtuar jo pak edukimit, janë me dhjetra e dhjetra studentë të cilëve ajo u mëson pianon e për këtë ka marrë vlerësime nga autoritete të larta të shtetit të New York. Ndërsa jep leksione mbi pianon studentëve të çdo moshe ajo kurrë nuk harron të falenderojë ata prej të cilëve mori leksionet e para për pianon që e shoqëron në çdo hap jete duke ia mbushur atë. plot vepra e emocione të bukura. Të pathënat e artistëve që duket sikur luajnë mbi partitura pjesë autorësh të mëdhenj, përkrah autorësh të mëdhenj, portreti njerëzor i Hermira Gjonit i ka të shkruara në zërin e butë. rrënjët dinjitoze të familjes së vjetër dhe asaj të re që rritet e ushqehet prej pasionit të një njeriu që do jetën ashtu siç do artin me të cilin ka veshur aq bukur mjedisin fizik dhe atë shpirtëror ku pentagrami është çelësi i vetëm drejt portave më të bukura të jetës nga ku buron lumturi.

PJETËR LUCAJ
Historia e pavdekshme e gjyshit që nuk e njohu kurrë

Kur fillon një histori?! Ndodh që ajo kulmon shumë kohë pasi ka përfunduar. Ndodh që ajo nuk prevalon kurrë. Atëherë kur duket se koha ka mbuluar me harresë madhështinë e disa akteve që individë, miq, bashkëkohës nuk munden ti harrojnë, përkundrazi i nderojnë me mirnjohje e kujtesë.

Pjetër Lucaj, një biznesmen i suksesshëm shqiptaro-amerikan i ftuar nga Albanian Culture TV ndau me ne disa momente nga jeta e tij midis Trieshit dhe New York. I larguar në vitin 2000 nga vendlindja dhe i përkrahur nga miqtë e të afërmit e shumtë këtu ai tashmë menaxhon dhe zotëron biznese për të cilat pak flet. Arsyeja për të cilën jemi mbledhur në studion e televizionit Kultura Shqiptare në New York është nderimi që institucioni i Presidencës shqiptare i ka akorduar më së fundmi. Gjon Gjek Lucaj pas vdekjes "Kalorës i Urdhrit të Skënderbeut".

Këtu nis rrëfimi mbi gjyshin që bën krenar nipin, tregimi mbi njeriun që bën krenar miqtë, historitë për. patriotin që udhëhoqi dhe frymëzoi bashkëkombasit e Shkodrës ku ai lindi dhe Trieshit ku ai jetoi e punoi si mësues i devotshëm intelektual i përkushtuar ndaj historisë dhe emrave që na e lartësonin atë, humanisti që e nderonte jetën duke i dhuruar asaj vyrtytet më të larta njerëzore.

Pjetri e ka të vështirë të flasë për njeriun e familjes

bazuar nga kujtimet e tyre aq të shumta pasi i duket si diçka normale që çdokush do ta bënte për të afërmin e vet, por atij i vijnë lehtësisht në ndihmë vlerësimet e bashkohësve të cilët admironin njeriun e madh me shtat të vogël që Skënderbeun e admironte dhe e kishte pothuajse zot e nuk reshti kurrë së foluri për ato histori që në ish Jugosllavinë e dikurshme ishin herezi. Kur flitet për Gjon Gjek Lucaj natyrshëm do të duhet të ndalosh në emra të mëdhenj të historisë e të. pavarësisë shqiptare si: Bajram Curri, Anton Çeta, etj. për të cilët ish gazetari i zërit të Amerikës Gjek Gjonlekaj ka informacione të pafundme të cilat do ti përkasin një publikimi më vete, por portreti i njeriut të familjes rrëfyer nga nipi Pjetër i cili gjyshin e tij nuk e njohu kurrë fizikisht nuk do të mund të ishte i plotë. Dhe kur përmasa e njeriut plotësohet nga rrëfime kujtimesh që miqtë nuk i harrojnë kurrë jemi në kufinjtë e historisë të cilat vetëm disa lloj njerëzish munden ti falin asaj, me vepra, me akte, me punë.

Pjetri na përshkruan me shumë emocion kullën e gjyshit, atje në Trieshin e lartësuem me bukuri hyjnore. Ajo është një kullë 300-vjeçare, ka shumë libra brenda, fotografi të vjetra plot me vlera historike e muzeale.

Ai rikthehet sistematikisht në Triesh jo vetëm si emigrant që e don dhe ka mall për vendlindjen por edhe si investitor që i ka sytë e shpirtit aty. Po bëhen pothuaj tre vjet që Fondi Humanitar "Trieshi" investon në rrugë, shkolla, parqe dhe ndërkohë janë një set projektesh në perspektivë. gjithmonë me Trieshin në qendër.

Është një histori frymëzuese çdo spot rrëfimi i Pjetër Lucaj, ruajtja e vlerave të familjes me kujtesë, përcjellja e tyre në mënyrë institucionale ndaj brezave, mjediseve e shndërron në detyrim njohjen dhe mirnjohjen tonë ndaj kësaj të shkuare të vyrtytëshme.

Pjetër Lucaj mund të ketë trashëguar mjaft cilësi nga gjyshi por ajo çka është prezente dhe e dukshme. në tërësinë e tij është humanizmi i tij i cili buron nga fjalët por akoma më shumë nga veprat.

"Ne kemi një vend të bukur," thotë, "e që të ndalohet braktisja nuk duhet të reshtim së investuari për të".

Ndodh që një histori e panjohur, e harruar, e pathënë, të nisi frymëmarrjen nga një akt i thjeshtë nderimi, kujtimi, rrëfimi duke na sjellë në të tashmen tonë problematike cilësi të ëndërruara vyrtytesh që jetën e bëjnë më të mirë.

Dr. DHIMITËR BENO
Edukimi, thelbi i të qënit NJERI

Të zotërosh prona apo pushtet është një rrugëtim i vjetër nëpër të cilin shumë njerëz ecën, kulmuan, u zhgënjyen, mbijetuan, u dorëzuan, por të zotërosh vyrtyte t'i trashëgosh ato, t'ja pasosh brezave që vijnë, t'ja pohosh vetes me krenari edhe vuajtjet por edhe qëndrueshmëritë e karakterit të cilat prodhojnë vyrtyte, kjo është pasuria më e rrallë të cilën pak ose aspak ke rast ta takosh në ditët tona. Është pa as më të voglin dyshim vlera që mban gjallë cilësinë e jetës madje edhe cilësinë e miqësisë që të rrethon.

Pikërisht kështu gjendesh përballë Beti Benos e cila ka lindur në kryeqytetin shqiptar Tiranë nga dy prindër të cilët ajo i konsideron si frymëzim në çdo hap të jetës së saj ndërsa miqtë e vjetër të Doktor Benos (siç ata e quajnë) Dhimitër Benon dhe Diana Benon mund të flasin pafundësisht për mjekun e palodhur që shpëtoi qindra jetë dhe për NJERIUN që nuk i la kurrë të vdisnin vyrtytet brenda vetes së tij në ato kohë të errëta, të çuditshme, të dhunshme ku mbijetesa e vyrtyteve ishte sfida më e vështirë.

Beti Beno qysh prej dhjetorit të vitit 2016 drejton organizatën "Motrat Qiriazi" Albanian-American Women Organization AAWO e cila rendit rreth 27 vite aktivitet në SHBA, duke mbështetur dhe ndihmuar gratë dhe familjet shqiptare në Amerikë, duke nxitur dhe vlerësuar kontribute

147

dhe arritje të profesionistëve në fusha të ndryshme dhe duke shënuar kështu një organizatë jetëgjatë plot me suksese për nga mënyra se si i menaxhon energjitë njerëzore në përgjithësi dhe ato femërore në veçanti.

Kur je pranë Betit kupton se ka një sekret të cilin jo gjithkush mund ta zotërojë në menaxhimin e suksesit, është përulësia. Ajo ka bazë në fisnikërinë e rrënjëve familjare, kultivuar me dije dhe punë. Është unike, e paimitueshme, e pariciklueshme por pa dyshim është frymëzuese.

Ajo thotë se fati e deshi që të rritej nga prindër të cilët e mësuan se edukimi dhe varësia prej tij janë shtegu më i sigurt i të qenit NJERI!

Por në jetën e saj një rol të rëndësishëm luan edhe vëllai; Thoma jo vetëm për nivelet e larta të edukimit (PHD në inxhinieri bio-mekanike)të cilat i ka arritur me aq shumë përpjekje e mund por edhe me ato kualitete njerëzore brenda dhe jasht familjare të cilat zënë një pjesë të veçantë tek Beti-hallë ku dashuria për James dhe Daniela duket se kanë pushtuar ndjenjat ndaj edhe rrëfimet e Betit-hallë që nuk lodhet së përshkruari botën plot botë të mbesës Danielë e bëjnë kaq të dashur portretin e saj.

Inteligjenca ka rast të manifestohet tek disa zonja jo përmes lukut, egoizmit, jo dhe jo, ky është pikërisht ai rasti ku inteligjenca manifestohet përmes natyrës së rregullt familjare dhe karrierës e cila e ka bazën në formimin akademik (Hunter College, Thomas M. Cooley Law School with Cum Lade (2002).

Beti Beno Tsamblakos është nënë e dy djemve; George and John që padyshim janë plotësues i një portreti femëror që bashkë me bashkëshortin Isidoros Tsamblakos, partnerin në jetë dhe në biznes (Marku, Beno and Tsamblakos PLLC) janë kryemanifest i inteligjencës profesionale ku ndjenjat e humanizmit, vullnetit të mirë dhe të qenit përkrah problemeve njerëzore bëhen pjesë e një suksesi që Beti e përjeton me përulësi.

Ajo është një mike e mirë që fal ndjesitë e motrës me këshillat e urta, me ndihmën ligjore e profesionale, me organizimet sistematike të AAWO-as, por mbi të gjitha ashtu me butësinë e saj karakteristike në zë dhe shpirt por edhe vepra gjë që mikeshat e saj por edhe kominiteti përreth e çmojnë shumë.

Marseve kur gratë manifestojnë dëshirat, ambicjet, problematikat, përpos organizimeve me AAWO-n ku Beti shprehet se ka rastin jo vetëm ti shërbejë komunitetit shqiptaro-amerikan, por edhe të njohë shumë gra të forta, të pavarura, inteligjente, prej historive të të cilave ka mësuar dhe është frymëzuar; ajo ka edhe një mesazh për zonjat, nënat, motrat kudo ato janë: balanca midis të qenit nënë dhe grua e angazhuar dhe besimit tek vetvetja është edhe çelësi i suksesit. Balancojini ato duke shijuar në çdo çast së qënit bijë, bashkëshorte a nënë, mike por mbi të gjitha NJERI!

PAVLINA MANI
Aristokratja e skenës, miqësisë dhe familjes

Për të gjithë që i kujtojnë rolet e saj pa asnjë mëdyshje ajo është e gdhendur në kujtesë si aristokratja e skenës dhe kinematografisë jo vetëm për rolet që ka luajtur por për profilin e veçantë në veshje, stil dhe interpretim.

Pavlina Mani, aktorja e dhjetra roleve sot jeton në New York dhe për të gjithë ata që e kanë takuar këtu ajo njihet si po aq fisnike dhe aristokrate edhe në rrethin e saj miqësor për shkak të thjeshtësisë dhe fisnikërisë që e karakterizon.

Me një mikpritje shembullore, tipike shqiptare, në një mjedis të jashtëm ku kryefjalë janë lulet dhe ku brenda shtëpisë flasin pikturat e të birit Blendis, Pavlina zonjëron ashtu sikurse dikur në skenë.

Bashkë me producentët e Albanian Culture TV, Adem e Mimoza Belliu ne planifikuam të zhvillonim një bisedë me Aktorin e Madh, tashmë të ndjerë Pirro Mani atë verë të vitit 2015.

Ishte një moment jo fort i mirë për mua atë korrik të 2015-tës kur ime më sapo kishte pësuar një hemoragji cerebrale që për fat të mirë i mbijetoi. Telefonata e atij mëngjesi nga Moza: "do vemi në shtëpinë e Pirro Manit," më shkundi mirë.

E rënë në plogështinë që të jep përjetimi i shëndetit të të dashurve tanë sidomos kur i ke larg e kisha pasur të nevojshme atë zile mëngjesi që më ftoi ti rikthehesha punës mes kolosësh që artit dhe historisë shqiptare i kishin dhënë aq shumë.

Miqtë e vëtetë i dallon pikërisht në momente të tilla dobësie e vështirësie, i dhashë kurajo vetes dhe nuk e refuzova atë ditë ndryshe por që do të mbetej e paharruar.

Në një shtëpi artistësh e ke të vështirë tia nisësh bisedës. Nga tia nisësh?! Me kë?! Historitë e tyre janë suksese më vete.

Aty të gjithë flasin me vepra, fotografi, rrëfime e kujtime nga më të bukurat.

Aristokratja e skenës ishte po aq aristokrate edhe në familje. Ajo kishte organizuar një pritje që niste që nga oborri me sfond shumëngjyrësh lulesh ku do të zhvillohej biseda me Pirro Manin, pastaj në hyrje të shtëpisë ku flisnin muret e veshura me foto historike e familjare të dinastisë Mani dhe teksa ngjiteshe lart, tryeza e shtruar dhe bisedat e ngrohta, ngroheshin edhe nga mikpritja, dashuria dhe humanizmi që kjo familje përcjell. Pikturat e shumta (kryesisht portrete) të punuara mjeshtërisht nga Blendis Mani të krijojnë përshtypjen se je në një Muze ku Muzat i ke aq pranë. Edhe pse shumë nga kujtimet e tyre kanë mbetur në Shqipëri, artistët dijnë ti rikrijojnë ato si askush tjetër, me rrefime, art e ngjyra shpirti.

Janë aq të mirë përtej roleve që i kemi parë sa vërtet kupton se rolet nuk i vishen çdo lloj njeriu ata janë të prera për qënie që dijnë të zbukurojnë vepra, familje dhe shoqëri duke mbetur kështu në histori.

korrik 2015

Kur e mira këshillohet me të vërtetën

Kudret Hoxha përkthen në shqip Kuranin

Ramazani është një muaj spiritual dhe i tillë ka qenë edhe para Islamit. Ishin vitet 610 e.r. kur në malin Hira Muhamedi kalonte natën, meditonte, i lutej Zotit kur i shfaqet një vegim, një si dritë që nga horizonti i lartë që zbriti e u afrua e thirri; "Lexo"! Muhameti i frikësuar u përgjigj; "Nuk dij të lexoj"... Thirri përsëri: "Lexo!" Muhamedi iu përgjigj: "Nuk di të lexoj". Të tretën herë rrodhën vargjet e Kuranit: "Lexo! Me Emrin e Zotit tënd që krijoi, /njeriun n'embrion e krijoi /Ai me bujari shkrimin ia mësoi /njeriut të paditurën ia mësoi".

Paskëtaj Muhamedi u kthye në shtëpi i tronditur...

Kështu rrëfehet në mënyrë kronologjike shpallja e Kuranit, trashëgimnia profetike e Muhamedit në veprën Kurani i Ndeuar shqipëruar nga Salih Ferhat Hoxha dhe pregatitur nga Kudret Sali Hoxha.

Vepra vjen si një përmbledhje e pregatitur mjeshtërisht nga Kudret Hoxha, njohës i mirë gjuhës arabe i cili sjell një lëndë të pasur me sure, bibliografi, shpjegimin e Kuranit në një mënyrë alternative dhe multiinformative. Tabela ku renditen treguesit e sureve i vjen në ndihmë çdo lexuesi, si atij që e praktikon fenë po ashtu edhe atij që e lexon atë si burim i fuqishëm informacioni dhe edukimi. Unë u ndala në nr. 104 të treguesit të sureve. Përkon me Përgojuesin (El Humezeh)...

Po i ndaj me ju disa fraza:

Mjerë kush përgojon e përçmon,
që mbledh mall dhe numëron,
pandeh se malli e përjetëson!
Por do të flaket në një hon...

Kudret Hoxha ka organizur metodikisht lëndën kuranore duke e sjellë në një mënyrë të qartë, tërheqëse dhe të thjeshtë tek lexuesit të cilët jo detyrimisht janë praktikues të fesë islame. Metodika me të cilin vjen informacioni e bën lëndën kuranore të përditëshme, të kuptueshme, të dashur për lexuesit dhe të prekshme për çdo kënd.

"Kujdez zjarrit që digjet,
ku i ligu futet"

Nata *(El Lejl)*

A e di ti ç'është e vështira? / lirimi i një robi?/
ushqimi i një dite zije i një të afërmi jetim ose të
varfri në mjerim?

Qyteti *(El Beled)*

Dhe në ditët kur informimi dhe disinformimi rivalizojnë jetën tonë ndjehet e domosdoshme dëshira për të shfletuar faqe të shenjta, të paqta, të pastra ku morali vjen nga të moralshmit, dija nga të diturit dhe edukimi nga njerëz të edukuar brez pas brezi. Dhe kur dija buron nga shkenca, feja, libri, filmi apo jeta, e rëndësishme është që ajo të bëhet pjesë e përditshmërisë sonë e cila është kaq shumë e ngarkuar me problematikë e tensione. Të lexuarit janë të urtë dhe bashkëbisedues, ata dijnë të dëgjojnë por edhe të ngrejnë zërin, luten, zgjidhin problematika e të kërkojnë të drejta e liri. Ata dijnë të lexojnë dhe mbajnë shënime duke strukturuar kështu të qënit të përgjegjshëm.

153

Sot po e shfletoj si letërsi Kuranin, nesër mbase do ta shfletoj duke u lutur mbi të, një ditë tjetër për të hulumtuar fakte nga jeta e Profetit. Jo çdo libër të dhuron mundësi për të thithur shijet e jetës, jo çdo libër është nektari i saj, Kurani po.

Për kohën (epokën, shekullin)
vërtet njeriu është në humbje!
Përveç atyre që besojnë e bëjnë të Mira që
këshillohen me të Vërtetën,
këshillohen me Durimin

Koha (El Asr)

DALIP GRECA
Ky lider i heshtur i Diellit dhe Vatrës

Ikjet nga kjo jetë çelin portat e kujtesës nga ku vërshojnë kujtime, fotografi, ngjarje. Është bërë e natyrshme kjo në ditët që po jetojmë ku fluksi i ikjeve është bërë i pandalshëm.

Ikja e parakohëshme e ish-editorit të gazetës Dielli, zotit Dalip Greca mbart me vete dhimbjen dhe gamën e kujtimeve që miqtë ruajnë për njëri-tjetrin, dhe porsi lulet dhe kurorat rendin, edhe ato të shprehin lamtumirën.

Kujtimet janë forma përjetësimi të së shkuarês mbi të tashmen ku perspektivat e të ardhmes do të ishin të zymta pa këto dimensione.

Dalip Greca i shërbeu me përulësi Vatrës dhe e ringriti gazetën Dielli për 12 vjet, ai e mbajti hapur derën e Vatrës duke pritur dhe shpjeguar palodhshëm historikun e saj çdo vizitori; fëmijë apo të rritur, shtetas amerikanë apo vizitorë, duke u përpjekur sistematikisht që Dielli të lexohej dhe të duhej e ruhej siç vlerat historike e kombëtare duhen dashur.

Ai u shndërrua në nyje e fortë lidhëse mes gjeneratave shqiptaro-amerikane që në Vatër gjenin diçka nga atdheu i munguar, dhe gjithashtu u çeli bujarisht dyert edhe brezave të rinj që i afrohen Vatrës ditëve tona duke lënë pas një model që frymëzon sot pasuesit e tij.

Kjo ikje e befasishme e mikut të shumkujt Dalip Greca zgjon në memorjen time vizitën e parë në Vatër, me të madhen

Tinka Kurti, mikpritjen inteligjente të Dalipit, dhe rrëfimet pa kufij të fotove, ngjarjeve që të bënin të lundrosh nëpër kohë duke shpërfillur telat me gjemba, muret e ndasive, konfliktet e luftrave mbi të cilat Vatra qëndroi në çdo kohë si mburojë. Do të mbeten të paharruara intervistat, bashkëpunimet, edhe polemikat që kemi pasur pasi Dalipi ishte tolerant i qetë, i palodhur, i ndjeshëm, bashkëpunëtor i përkryer dhe tejet korrekt.

Ne humbëm një mik të madh, komuniteti humbi një aktivist model, gazetaria një ikonë legjendare ndërsa familja të shtrenjtin e vet të pazëvëndësueshëm.

Do të jetosh përherë në kujtimet tona miku ynë i nderuar e i paharruar, Dalip Greca

BEQIR SINA
Kronikani pasionant në diasporë

Ai nuk mungon kurrë në aktivitetet e komunitetit shqiptaro-amerikan në New York. Mund të konsiderohet si një mik i pandarë i lajmit dhe gjithmonë në kërkim të tij. Beqiri ka krijuar profilin e një lloj gazetari aktiv ku lajmi flet me foto dhe përshkrime plot me detaje faktike e burimore.

Historia e Beqirit është prezantuar tashmë në librin e tij voluminoz *"Biografi në Dy Kohë"* nga ku lexuesi njihet me lirinë dhe palirinë e tij nga komunizmi në liri nga ku prevalon dashuria për jetën e ku mes sakrificave triumfon gjenetikisht fisnikëria.

Dy kohët e Beqir Sinës skalitën njeriun që nuk e gjunjëzoi kurrë diktatura, ndërsa liria i dha krahë profesionit të tij sa të trashëguar nga i ati po aq edhe të kultivuar me vullnet dhe përkushtim.

Kronikat e tij dëshmojnë se sa shumë e vlerëson dhe çmon ai komunitetin i cili pasqyrohet nëpërmjet kronikave ku gjithkujt i rezervohet hapësira fotografike. Kjo e bën atë të dashur dhe unik në komunitetin e gjerë shqiptaro-amerikan.

GJEK GJONLEKAJ

Bashkëbisedimi me Gjek Gjonlekaj, ish gazetar i Zërit të Amerikës është i gjallë, mbushur me fakte e realitete nga përvoja e tij si gazetar por edhe si aktivist dhe orator i komunitetit shqiptar në Amerikë. Ai flet me fjalët e Të Madhes Nanë Tereza dhe ndjek mësimet e saj të bamirësisë dhe ndihmës së tjetrit në nevojë

"Unë lutem për ju…zoti qofte me ju" do të thoshte në shqip Nënë Tereza edhe pse kishte 60 vjet që ajo nuk e fliste gjuhën e amës. Janë këto fjale që ish-gazetari i Zërit të Amerikës Gjek Gjonlekaj i ka të regjistruara me zërin e saj, ashtu sic ka të gjallë çdo takim me Nanën Terezë. I ftuar në "Një jetë… disa histori" ai ndau me ne mjaft kujtime, fakte dhe analiza objektive që duhet të shoqërojnë gazetarine e vërtetë. E vërteta sipas tij duhet të udhëheqë gazetarinë, pasi në ditët që jetojmë gazetari që i referohet të vërtetave ka rast të shndërrohet në misionar duke e shpëtuar njerëzinë nga kurthet dhe rreziqet e keqinformimit në kushtet e fluksit kaotik dixhital ku lajmi dhe absurdi gazetaresk janë sa afër dhe larg. I pyetur se si e perceptonte ai Shqipërinë në kushtet e izolimit 50-vjeçar ai shprehet se Shqipëria e izoluar komuniste të cilës ai i ishte drejtuar gjatë komunizmit përmes Zërit të Amerikes, i ngjante të semurit në koma që nuk njihte as të tashmen, të shkuaren dhe as të ardhmen e vet. Një bisedë e larmishme rreth të ciles

je e detyruar të mbash shënime por që une dua ta përmbledh
me Fishtën cituar po prej tij "Nuk ka varre urie në Shqiperi"
çka përmbledh thelbin e fisnikërisë dhe humanizmit të këtij
populli të stërlashtë.

ADI HILA

Kompozitori Adi Hila, nuk i ka përzemër intervistat ndaj për mua ishte fat komunikimi me të në studion e Albanian Culture TV.

Një artist me formim të veçantë por mbi të gjitha një intelektual që ofron pafundësisht ide dhe gjykime të shëndetshme mbi perspektivat e artit muzikor në kushtet e një tregu muzikor kaotik.

Cilësia e produksioneve të tij muzikore e vërteton më së miri nivelin e tij të lartë artistik ku unifikohet trashëgimnia gjenetike, formimi akademik, bashkëpunimi me artistë të nivelit të lartë, çmimet kombëtare dhe ato ndërkombëtare por mbi të gjitha efektet që prodhimtaria e tij muzikore ka në publik.

Arti i vërtetë kërcënohet sistematikisht nga ai komercial ndaj edukimi i shijeve muzikore me muzikën e vërtetë dhe të bukur shqiptare në terrenin e tallavasë duket se e kanë shndërruar atë në një kritik të hollë në kërkim të vazhdueshëm të më të bukurës në muzikë dhe art.

Ai është një autor mjaft kreativ që ndërlidh rrymat muzikore duke ofruar më të bukurën e mundshme në art, bukurinë e vërtetë, atë që vlen për sot dhe për më vonë.

Prandaj dhe produksioni i tij "Gjeniu i vogël" i konceptuar në disa etapa (edicione) është dëshmi konkrete e vizionit dhe

160

misionit të tij artistik dhe kulturor.

Tek Adi Hila mund të dallosh prindin e përkryer dhe artistin inteligjent ku kriticizmi nuk është gjë tjetër veçse shtegu drejt progresit, drejt kreativitetit që sidomos në art nuk resht dhe nuk duhet të rreshti kurrë.

Kjo shpjegon mjaft nga formimi i tij e kur unë e pyes se cila është kënga më e bukur e juaja ai përgjigjet se ajo këngë nuk është krijuar ende.

Adi Hila, i mirënjohuri i skenës, të cilit aq shumë i flet puna dhe veprat, është dëshmi e peshës reale që ka familja dhe edukimi bazë që njeriu merr prej nga aty, e që kultivohet më tej deri në perfeksion.

161

TINKA KURTI
Nëpër fjalët e një GRUAJE të madhe

Fjalët e saj do ti mbeteshin në mendje kujtdo, për peshën e mendimit që mbartin, për tonin me të cilin ajo i shqipton ato dhe jo vetëm në respekt të viteve të gjata që mbart mosha e saj. Është e çuditëshme se si grave të tilla vargu i gjatë i viteve ju vesh një lloj fisnikërie që zbukuron portretin edhe pse i plakur nga rrudhat, thinjat dhe vulat e viteve. Thjeshtësia e saj njerëzore jasht skenës dhe rolit më bën të kuptoj se nuk është vetëm fama ajo që fisnikëron portretet e nënave apo gjysheve tona…Keni provuar t'ju uleni pranë, të bisedoni me ta duke ju shtrënguar duart me dashuri, ti pyesni në atë mënyrë sikur mendimi i tyre është i rëndësishëm për ju? Ato flasin e flasin, kanë aq shumë për të thënë ndoshta edhe pse jo gjithçka thonë ka vlerë, por është vemendja jonë ajo që di të përzgjedhë atë që ka vërtet vlerë duke ju falur atyre ndoshta të fundit kënaqësi jete. Gjyshja ime nuk është e famshme por jeta e saj ka kaq shumë histori sa çdo grua e MADHE do të kishte dashur ti dinte. Sepse jeta është shkolla e vërtetë ku parakalojnë vlerat tona: dinjiteti, nderi, krenaria, poshtërimi, dhunimi, mbijetesa, forca. "Vuan më shumë ai/ajo që urren sesa ai/ajo që urrehet," kështu tha ajo Gruaja e MADHE që të madhe nuk e bëri vetëm skena, nëpër një bisedë rutinë që i erdhi natyrshëm duke kujtuar ndoshta dhe përvojat e viteve të saj, punës, roleve të shumta ku mbase dhe ajo është urryer pa shkak.

A mos ndoshta urrejtja është ndonjë derivat i xhelozisë
së sëmurë?! Nuk e di, merreni si konkluzion të nxituar
përkufizimin tim hipotetik. "Kështu më mësonte mama," përsëriste shpesh e madhja
Tinka Kurti edhe pse mban 80 e ca vite mbi shpinë. Dhe unë
e përsëris me vete e s'di pse sot dua ta them me zë të lartë
sepse ato mamat tona na thanë e rrëfyen shumë, janë objekt
kujtimesh personale por jo vetëm personale. Jo rrallë herë
shembujt e thjeshtë frymësojnë, edukojnë. Jetojmë një realitet
të çuditshëm ku ekranet pushtohen nga bukuri të retushuara,
që duam apo s'duam na imponohen nga reklamat, kopertinat
e fotografive dhe fjala ka shpejtësinë e jo dritës (atë të zërit).
Prandaj, pikërisht ca fraza, jetë grash që të mëdha nuk i bëri as
bukuria, as fotoshopi, as pushteti, as paraja, por vetë jeta, puna,
vështirësitë, janë dhe do të jenë objekti im i vazhdueshëm.
Dhe mama e mësonte atë të madhen Tinka Kurti jo vetëm
prej viteve, por edhe sukseseve të saj pafund se si në jetë duhet
të të udhëheqë gjithmonë DIJA. Takimi me Tinka Kurtin më
shumë sesa madhështinë e takimit me një artiste të madhe m'u
duk se më dhuroi prezencën e nënës, gjyshes, që njeriu mundet
ti ketë pranë edhe pse jo fizikisht përmes fjalëve, kujtimeve,
copëzave të jetës edhe pse ndoshta të vështira. Jeta e saj është
një tablo ku bashkëjetojnë të gjitha ngjyrat duke i dhënë jetë
dhe kuptim shoqja-shoqes. Nëpër rrëfimet e saj unë kuptoja se
brenda moshës jeton rrugëtimi ynë ku e shkuara bardh e zi ka
shkëlqimet e arta të fshehura nga sistemet dhe ku e ardhmja
gri ka ngjyrat e vjeshtës ku ndonjëherë bashkëjetojnë të gjitha
stinët. Lotët e saj teksa interpretoi aq natyrshëm tek Vatra.

Panshqiptare nuk ishin vetëm lotët e saj…ishin LUTJE
të ASAJ që i ka falur aq shumë atdheut të vet. Ajo hyri kaq
spontanisht te Vatra, por mbeti përjetësisht aty. Në kujtesën
time, vizita e parë Vatër do të lidhet përgjithmonë me emrin
e saj. Vargjet e recituara prej saj me aq ndjenja të kaq shumë
viteve jetë, m'u duk se ishin kaq pranë me autorët, fotografitë e
të cilëve vishnin muret që flisnin përmes të përkushtuarit zotit

Dalip Greca. Fishta, Noli, Koliqi, Konica…i kisha shpjeguar në programet mësimore por këtu ato m'u dukën vitalë.

Në dalje të godinës, që i ngjante një teqeje shqiptarësh, ajo preku një libër të Nanë Terezës dhe recitoi vargjet e saj *"Lutje"*. Ishin lutjet e një populli të tërë, shprehur aty përmes një Astisteje Populli të mirëfilltë.

Për të përjetësuar njerëz dhe vepra nuk nevojiten vetëm akte madhore a ngjarje, dreka apo darka pompoze; mjaftojnë ca xheste të vogla për të prezantuar anët e vërteta të jetëve njerëzore që dijnë të shkëlqejnë në çdo kohë, në çdo vend, edhe kur dritat e skenës janë shuar dhe perdja ka rënë…

Shfaqja vazhdon nëpër mendjet tona

REFLEKSIONE

Epizmi magjik
në fotografitë e Ilir Rizajit

Thonë që fotografia është fiksimi i realitetit në dritë, por për mua është shumë më tepër sesa kaq sidomos kur hulumtoj setin e fotografive të mjeshtrit të fotos arkitektonike dhe etnografike Ilir Rizaj. Ky pasues i Gjon Milit dhe Fadil Berishës që jo vetëm kanë edukuar pasionin e tij për fotografinë por edhe e kanë frymëzuar atë, shkon përtej realitetit që përcjell momenti i fotografisë duke na rrëfyer një jetë përmes epizmit që falë ngjyrave, hijeve dhe shkëlqimeve që i fal objektivi, Rizaj ka arritur ti japë edhe një përmasë të re në fotografi: kohën. Ajo vjen magjikisht në foto, herë e mjergullt e herë e qartë, herë e lashtë e herë e freskët, herë me ngjyra dhe herë gri por gjithmonë duke na rrëfyer.

Epizmi fotografik i Ilir Rizajit nuk ka kufinj: është objekt, është human, është subjekt që rrëfen kohën, rregullin, stilin, trendin, lëvizjen. E quaj magjik epizmin e tij fotografik sepse është magjepsës edhe pse objektet e stërlashta janë lënë në mëshirën e fatit, jashtë kujdesit njerëzor dhe institucional, drita e objektivit fotografik duket se sjell bashkë me vjetërsinë edhe freskinë e dashurisë dhe pasionit me të cilin është fotografuar. Një pasion që panoramon me foto historinë tonë diverse dhe të bukur, të lashtë dhe të re. Objektivi i Zotit Rizaj që është mësuar të ndjekë trendin amerikan të arredimit, madhështitë e jetës njujorkeze brenda dhe jasht godinave klasike falë punës së tij të përditëshme, përmasën e botës shqiptare din ta sjellë edhe më bukur dhe kjo falë origjinës, lidhjeve të tij me realitetin atje dhe formimit të tij të pamohueshëm si i diplomuar për të drejtën në Universitetin e Prishtinës. Duket se aparati fotografik në duart e një intelektuali nuk ka vetëm efektin estetik, memorizues, përshkrues të ngjarjes, por atë krijues, rrëfyes, përcjellës emocionesh dhe lëvizjesh që fjala nuk i transmeton dot, madje as tingulli muzikor. Ai depërton në thelbin e karakterit njerëzor kur fotografon humanët duke ngulitur gëzimin në portret, çudinë, befasinë, seriozitetin, bukurinë, e gjitha kjo me klas dhe finesë pa retushime e artificializma. Maturimi fotografik i gërshetuar me cilësitë e momentit që përcjell objektivi e bëjnë magjike kohën që në çdo kohë e risjell aktin që ka në qendër njeriun, ngjarjen, objektin që artisti Rizaj di ta shndërrojë në monument.

Marjana Bulku
nëntor 2017

Letërsia e Burgut dhe Vatra e Lirisë
Promovimi i Veprave të Dine Dines

Po e quaj kështu këtë institucion shekullor sepse e tillë ka qenë dhe do mbetet ajo për bijtë e vet edhe kur atdheu i braktiste, mohonte: një mikpritëse shembullore që ua mprehu pendën e mendimit, ua konsolidoi arsyen duke ju kultivuar kritikën dhe injektuar dashurinë e pamatë për atdheun, edhe pse matanë oqeanit, në vendin më të madh të botës.

Letërsia e burgut prodhoi kolanën e saj të autorëve të cilëve edhe pse ju mohua e drejta, e deshën dhe mbrojtën atë, edhe pse ju mohua fjala, e gdhendën bukur atë në letërsi e gazetari, edhe pse ju mohuan shkollat dhe edukimi, e vetkrijuan atë si autodidakt dijesh, gjuhësh, literaturash që njohin në mënyrë ekselente gjuhën universale atë të paqes e fisnikërisë çka ishte e huaj dhe e urryer për mynxyrën komuniste që shpiku ndarjen dhe përçarjen, izolimin dhe persekutimin, luftën e njeriut nga njeriu: vëllai miku e shoku, burgun, frikën, dhunën, injorancën duke e shndërruar në viktimë të kohës jo vetëm individin por një shoqëri të tërë.

Vetëm një Vatërz lirie ka mundësi të lindë letërsinë brenda burgut dhe t'ja vizatojë jetës ngjyrat e munguara me tinguj, ritme e emocione imagjinate e përjetimi edhe kur realiteti është një ferr i vërtetë i prekshëm, real. Dhe këtë vatërz lirie jo gjithkush mundet ta ketë e mbartë në shpirt e kur kjo ndodh ajo duhet shndërruar në Vatër lirie edhe për të tjerë duke

169

shpalosur dramën, dhimbjen, brengat por edhe artin, botën e pa cak të ideve që emancipojnë individin dhe shoqërinë e doemos shumë më tepër se kaq; modelin e një lufte të paepur me padrejtësinë

Autori për të cilin po flasim sot Dine Dine Nasufi është një prej këtyre vatrave që e ndezi lirinë m'u në burgun e madh të kohës: Shqipërinë komuniste, ku edhe instiktet njerëzore ndrydheshin duke u shndërruar në të kundërtën e vet; në ankthe e pasiguri por jo pak herë në dhunë e urrejtje. Imazhi i Shqipërisë socialiste ravijëzohet mes humorit të hollë grotesk si dollitë për mishin, turshitë, hudhrat, qepët pra për guzhinën e varfër socialiste për të cilën çuditërisht duartrokitej e ku askush nuk guxonte të ankohej.

Të konturoje dashurinë brenda këtij burgu të madh ishte herezi, andaj dhe ky idil dashurie (e kam fjalën për "Alidën" rend kaq shpejt drejt fundit të vet të pamundësisë, dënimit me paliri. Aty nuk mungojnë analizat e thella të ndërgjegjes, përshkrimet plot detaje reale herë-herë sarkastike ndaj një Shqipërie-burg që dhunonte tërë shoqërinë duke ndërtuar kaq shumë burgje edhe të ndërgjegjes, kampe internimi dhe kufinj mes shqipëtarësh ku gjysma ishtë përtej telash ndërsa gjysma tjetër mbeti në tentativën konstante për ti kapërcyer ato, pak a shumë e njejta situatë siç është edhe sot. Arsyjet...mbeten një pyetje e hapur përgjigjet e së cilës gjithsejcili i mbart me vete.

Letërsia si liri individuale për fat të mirë nuk u shndërrua dot në një burg edhe kur ajo u ndalua, ja pra edhe ky idil dhe vepra në tërësi e Dine Dines ashtu si shumë vepra të tjera janë prova të një letërsie burgu (burgologjisë, siç e quan Visar Zhiti) e cila përtej ngjyrave gri të kohës sjell emra, fakte, momente apo edhe monumente vyrtytesh, karakteresh të një kohe që jo të gjithë e jetuan njësoj. e ku për fat të keq mendja u dhunua, burgos, arratis. këtë na e dëshmojnë shifrat me rreth 60,000 të burgosur vetëm në segmentin 1944-1990, nga ku 26,768 ishin të burgosur politikë, mbi 6,000 të ekzekutuar me ose pa urdhër gjykate (pushkatim dhe varje) e ku rreth 7000 vdiqën për shkak të kushteve të internimit, të cilat duhen kërkuar dhe lexuar e kuptuar mirë si një prej dramave më tragjike të dhunës njerëzore në jo-luftë.

Ajo, vepra, lëviz përmes një narracioni të ngjeshur sa në kooperativat ku dizenjohej suksesi artificial, nëpër kampet e internimit ku gdhenden vetpërmbajtja, urrejtja e fshehtë, fisnikëria e nëpërkëmbur dhe padurimi për ta shpalosur atë, në vitet 90-të, kohë kjo kur perspektivat e lirisë u çelën dhe ku kontributi i këtyre letrarëve e letërsie të burgosur mbeti veçse një tentativë. Ndërsa dhunuesit e tyre ndërtuan gjithçka edhe pse mbi gjak, dhunë e padrejtësi pa reflektim dhe akoma më keq pa ndëshkim çka shpjegon deri diku pse atje në vendin tonë e drejta burgoset ndërsa padrejtësia krekoset në liri. Protagonisti i Alidës, Qaniu (te vetmen novelë që kam lexuar nga Dine Nasufi është një i ri si gjithë të tjerët me ndjenja e instikte shpirtërore, edhe pse shihet ndryshe, dhe jeton në burgun e kohës-burg, bota e tij fisnike dallohet qartazi edhe pse mundësitë ia kufizonte liria e mangët.

Letërsia e burgut dëshmon dhe shpjegon deri diku anatominë e mbase edhe autopsinë e një sistemi që afektoi një shoqëri të tërë duke ia amortizuar analizën dhe reflektimin, duke ia paralizuar reagimin dhe ndëshkimin e duke lënë në harresë dhe mosveprim mendjen që arratiset por edhe përzihet forcërisht sistematikisht nga atdheu për fat të keq.

Duke kuptuar më mirë letërsinë e burgut mbase vëllezerit tanë nga Kosova e Mali i Zi do të na kuptonin më mirë ne dhe vetë ne do të kuptonim njëri-tjetrin, mëritë tona këtu, në vendin ku liria na ndolli e mblodhi, do të zbulonim shkaktarët e padënuar të atij burgimi dhe gjithćka që po rindodh sot në Shqipëri.

Ndaj Vatra ka rastin që lirinë e letërsisë së burgut ta shndërrojë në pjesë të asaj kombëtare si ndjesë dhe reflektim e pse jo edhe si iluminim të ndërgjegjes dhe arsyes çka përbën trurin e çdo akti veprimi e ndërveprimi në të ardhmen tonë këtu dhe atje për të mos përsëritur një të kaluar që ende kullon plagë.

VATRA
108 vitet e patriotizmit panshqiptar në Amerikë

Federata Panshqiptare Vatra njihet si organizata më jetëgjatë e krijuar nga shqiptarët e Amerikës nën drejtimin e dy korifejve të Fan Noli dhe Faik Konica. Ajo sot shënon 108 vite jetë me shqiptarët dhe për shqiptarët dhe kauzat e tyre.

Po çfarë kemi trashëguar nga Vatra e dikurshme, ajo që kurrë nuk reshti kurrë së qeni aktive dhe protektive ndaj çeshtjeve shqiptare kudo ku jetojnë shqiptarët?

Çfarë do donim të ringjallim prej frymës që atë e bëri faktor dhe aktor kyç në faza kritike të historisë shqiptare që nga koha e shtetformimit dhe deri sot?

Vatra vazhdon të mbetet një strehë e patriotizmit nga ku prevalojnë emra që jo rastësisht u bënë pjesë e saj. Emrat e tyre lidhen pazgjidhshmërisht me vepra, arritje intelektuale në funksion të krijimit të shtetit shqiptar, kulturës së tij, mbrojtjes së territoreve shqiptare nga copëtimi, mosnënshtrimit ndaj komunizmit, respektimit të lirive dhe të drejtave njerëzore, lindjes së demokracisë, krijimit të shtetit të Kosovës.

Vatra është dëshmi e gjallë se si intelektualët e vërtetë, ata të mendjes dhe penës e bëjnë të pavdekshme organizatën.

Ajo është dëshmi e gjallë e ruajtjes dhe trashëgimnisë të çdo ngjarjeje të saj (mbledhjet, veprimtaritë, reagimet, promovimet, tubimet, festimet, pritjet), me një arkiv të pasur, me një gazetë 111-vjeçare, Diellin gazeta më e vjetër në shtypin shqiptar, me bibliotekën e vet por mbi të gjitha me një Kanunore e cila shërben si rregullator që organizon çdo veprimtari, normalizon çdo debat dhe i prin e paraprin çdo risije duke u mbështetur fort në traditë.

Organizata Pan Shqiptare Vatra njihet si Selia e patriotëve shqiptarë e cila vizitohet nga miq e dashamirës të cilët kur e prekin nga afër përjetojnë pak nga ajo e shkuar që mbetet gjallë sepse aktivistët e saj e ruajnë dhe e shkruajnë historinë e cila jeton përmes fotografive të cilat veshin muret e saj, rrëfimeve të drejtuesve, por mbi të gjitha publikimet e Diellit në print dhe online janë i pashtershëm burim jetik.

Vatra është katedër ku meson transparencën, nëse për atdheun kontribon me penë dhe mendje, vatranët dëshmuan në çdo kohë se duhet dhënë për nënën, nga pasuritë, kursimet, koha dhe puna, shqiptarët e Amerikës rreth Vatres dhe Diellit i dhuruan Shqipërisë, Kosovës, sa herë e ka dashur puna, dhe gjithçka mbetet e shënuar në defteret e vjetra, një traditë kjo që vazhdon (rasti më i fundit ishte për tërmetin në Shqipëri). Kjo dëshmi e solidaritetit s'është gjë tjetër veçse ajo çka rrjedh në dejet tona me gjak shqiptari; mbështetja ndaj njëri-tjetrit në nevojë.

Gjithmonë e ndjeshme dhe reflektuese, e gatshme për të reaguar në momente deçizive, Vatra ka dëshmuar se jeton çdo çast me vendin amë, me udhëkryqet e saj politike dhe historike duke u bërë kështu një zë arsyje dhe dritë shprese për faktorin shqiptar dhe një opozitë e përhershme e aventurave politike të cilat për fat të keq janë sistematike në realitetin mbarëshqiptar.

Kur ndjek historinë e vatrës ndjen se sa peshë ka fjala e shkruar dhe se sa shumë kontribut luan ajo në ndërtimin e historisë shqiptare, kupton gjithashtu se sa pak e kemi njohur ne këtë pjesë vitale të historise tonë në vendin amë. Nuk do ishte aspak e tepërt që Vatra të ishte pjesë e programeve dhe teksteve shkollore në arenën shqiptare (Shqipëri, Kosovë, Mal i Zi, Maqedoni).

Ky tempull i shqiptarizmës në Amerikë e ruajti gjuhën shqipe si simbolin tonë përbashkues., aty gjen të gjitha simbolet që na identifikojnë ne si komb, nën Terezë, Skënderbe, flamuj, kostumet tona të rralla e mbi të gjitha aty takon bujarinë dhe mikpritjen, këto vlera të rralla trashëguar nga thellësi shekujsh.

Tashmë Vatra Panshqiptare për herë të parë në historinë e saj drejtohet nga një kosovar (zoti Elmi Berisha) një sinjal i gjallë ky i përbashkimit, diçka që ka qenë historikisht frymë dhe filozofi e saj.

Vatra e shekullit të ri është ura që na lidh me njëri-tjetrin dhe me atdheun, me ditët e enderruara nda korifenjte e mendimit, të projektuara nga shtyllat e patriotizmit, vatra 108-vjeçare ka ende një udhë të gjatë përpara përderisa shqiptaria lëngon nga plagë të vjetra që kërcënojnë lirinë.

Kënga Qytetare Dibrane
Emra që i dhanë jetë e histori

Nëse bën një kërkim të thjeshtë mbi këngën qytetare dibrane do të ndeshësh pak ose aspak në emra që edhe pse pa bujë i falën zërin dhe jehonë asaj treve të bukur ku jo vetëm epizmi dhe heroizmi ishin kryefjalë, por edhe sharmi, bukuria, kualiteti vokal dhe mjaft cilësi të tjera që ngjajnë aq shumë me qytetin malor ku lumi Drin rrjedh gjarpërueshëm grykave të thella e majave të larta.

Kujtesa e qytetarëve të vjetër por të shpërndarë metropoleve të globit e ka të freskët ende zërin e Melita Shehut, Flora Toskës, megjithëse rekordet mungojnë, fjalët e këngëve të tyre e sjellin të freskët portretin e një kohe të cunguar. Sezonet e verës, hitet muzikore, festimet familjare, dasmat sikur të nxisin ta shohësh më thellë atë trevë të veçantë të Shqipërisë ku dy Dibra i ndan një kufi dhe i bashkon një traditë që i bën të jenë një e të pandara e me rrënjë të thella në civilizim.

Kënga *"Cuc Dibrane"*, një kompozim i Lahim Kolës me tekst të Tef Krroqit dhe orkestrim të Agim Kolës, e zgjoi muzikën qytetare dibrane nga përgjumja e gjatë, shumëvjeçare dhe erdhi si një fllad vere plot me kujtime dimrash të shkuara. Ishte ideja e Elida Shehut e cila prej vitesh jeton në Gjermani, që kjo këngë e interpretuar dikur nga Flora Toska të cilën e kujtojnë vetëm bashkohësit e saj, sot ridimensionohet përmes një bashkëpunimi të ri artistik Tiranë-Gjermani-New York me protagonistë dy Kola (Kompozim dhe orkestrim Lahim dhe Agim; babë e bir) dhe Shehu. Duket që artistët nuk njohin barriera e kufinj sepse muzika i bashkon njerëzit dhe shpirtrat përmes fjalës dhe tingullit pavarësisht distancave. Kjo kohë izolimi madje i ka bërë edhe më kreativë ata duke sjellë e risjellë motive që frymëzojnë vullnete të bukura. Zëri i Elidës nuk ka ndryshuar. Është po aq i ëmbël, gurgullues e që duket se vallëzon aq bukur me fjalët e artikuluara pastër.

Elida Shehu është një këngëtare e veçantë e muzikës së kultivuar shqiptare e cila për herë të parë ka kënduar në Festivalin e 17-të të Këngës në Radio-Televizion dhe ku u nderua me çmimin e dytë.

Më vonë ajo këndoi këngët *"Hidhe hapin vogëlush"*, *"Syri yt gjith dritë"* etj., duke mbetur kështu në historikun e një prej ngjarjeve më të mëdha të muzikës së lehtë shqiptare.

Nuk e dij nëse dibranët e kujtojnë Elidën e bukur dhe të brishtë apo zërin e saj aq të ngrohtë dhe pranveror, por unë i kujtoj të dyja dhe e përjetova me ndjesi të veçanta çkarantizimin e këngës qytetare dibrane në dy këngët *"Cuc dibrane"* dhe *"Shamia e beqarit"* ku natyrshëm bie në sy cilësia krijuese dhe ajo interpretuese. Edhe pse vitet kanë kaluar, portreti njerëzor ndryshon, duket se zëri i Elidës është po aq i bukur, i freskët, gurgullues, madje edhe më i plotë se atëherë, një zë që nuk plaket e nuk njeh moshë.

Elida e zhvillon aktivitetin e saj artistik në Gjermani ku preferon të këndojë kryesisht balada por ajo thotë se ka kënduar edhe këngë shqiptare e ku veçanërisht *"Shamia e Beqarit"* kompozim i Lahim Kolës është pritur me shumë interes nga artëdashësit atje të cilët ndjejnë ritme të përbashkëta muzikore me muzikën e tyre dhe kjo mundet të sjellë bashkëpunime të reja që e përcjellin muzikën dibrane në nivele të tjera edhe fizike por edhe kulturore duke ia ruajtur tharmin.

Vjeshtën e ardhshme Elida Shehu nuk do ti mungojë publikut shqiptar dhe atij dibran në Festën e këngës së mirfilltë shqiptare, organizuar nga Gjergj Leka ku Elida pritet të interpretojë një këngë e cila do sjellë emocione të veçanta për disa arsyje të cilat do kemi rast ti ndjekim së afërmi por ku mbi të gjitha kufinjtë e mbyllur të kohës pandemike do të çbëhen nga pushteti i tingujve që muzika e bukur përcjell. Ajo e ndjen se zëri, dhuratë e Zotit është një detyrim që këtë "dhuratë" tja kthejë dashamirësve të artit të saj me bujaritë e shpirtit që e karakterizon. Titulli "Nderi i kulturës dibrane" dhënë së fundmi nga qyteti ku ajo ka rrënjët: Peshkopia, e ku hodhi rrënjë dashuria për muzikën është nderimi më i bukur që mund ti bëhet jo vetëm asaj por veprave dhe autorëve të cilët krijuan duke e bërë kështu me emër e duke mbetur të paharruar në atë Dibrën e vogël përbri maleve të mëdha.

Lulëzon në çdo stinë
Skicë përmbi pikturë

Ndodh që një fotografi të ushqejë pikturën. Jetojmë në kohet kur e bukura kultivohet me çdo mjet dhe mënyrë. ëPor e bukur është gjithmonë ajo që vlen, ajo që rrëfen dhe shpalos një të vërtetë universale. Jo pak herë mundet që përpara një fotografie të ndalosh për më shumë se një çast duke soditur atë subjektiven e bukur që herë pas here provokon qëndrime, arsyetime, ndjenja e krijimtari.

Pasi e titullova *"Tek oborri i gjyshes me veshje stërgjyshesh"* në murin tashmë aq shumë të njohur Facebook apo "Ky kostum i stërlashtë më sjell lule në çdo stinë" përtej retorikës fotografia me *veshën* e Zerqanit: Qashën më duket se përcjell një demonstrim sinqeriteti etniko-kulturor nga ku rrjedh një botëz e pathënë poetike me elemente gjeografike e historike dhe pa dyshim lidhet thellësisht me histori familjare.

Qasha më sjell në vëmendje narracionet etnografike të Mësuesit model i vlerësuar si Mësues i Popullit, zotit Selim Alliu, i cili e vizatoi me fjalë veshjen shekullore të grave të Grykës së Madhe: qashën. Dorëshkrimet e tij pata rastin ti shfletoj rastësisht në bibliotekën e qytetit Peshkopi dhe u bënë nxitje për të ideuar një kënd antikuaresh ku materiale të tilla do të kishin dritën e duhur të vëmendjes. Ai shkroi për Qashën atëherë kur gratë e asaj zone e kishin veshje të përditëshme atë kostum të endur aq mjeshtërisht me vegjë. Askush nuk e mendonte atëherë se pak vite më vonë ajo nuk do të ishte zgjedhja e vetme e veshjes së atyre grave, por ai si pak kush e shndërroi në memorie muzeale Qashën duke ia renditur: cilësinë e punimit, radhën e veshjes, ngjyrat, aksesorët, zhurmat që e bëjnë kostumin të duket dhe të dëgjohet me taf-tafet e sermave të pafteve mbi jelekët më unikë dhe autentikë në botë.

Unë e kisha parë me qindra herë atë veshje: në trupin e gjyshes sime, në fotografi të motçme stërgjyshesh, në darka dasmash e gëzimesh familjare ku kostumet e Zerqanit derdheshin me ngjyra e kor këndues sermash që tingëllonin pas çdo hapi e vargvallesh.

Askush nuk e mendonte se braktisjet sistematike të territoreve shqiptare nga shqiptarët do ta kthenin në relike çdo copëz identitare ku pa dyshim veshje të tilla janë trashëgimnia jonë që nuk vdes kurrë.

Kur braktiset shtëpia, mëhalla, atdheu, kujtesa është relikja më brilante që mban gjallë pasuritë tona në rrezik zhdukjeje.

Ndaj kur rikthehesh tek shtëpia, mëhalla, atdheu, ndjen se graviteti i objekteve të tilla të lëna atje tërheq me tërë fuqinë e vet duke u bërë epiqendra që thërret për mbrojtje e mbijetesë.

E vesha at fundvjeshte atë kostum të punuar me duar stërgjyshesh me shpejtësinë që kushtëzonte koha e limituar dhe me dashurinë pa limit dhe m'u duk se ritakova sërish gra të moçme, narracionet etnografike të Selim Alliut, dhe vendosa ti marr me vete nëpërmjet një fotografie siç bëj çdo herë me gjërat që i dua.

Nuk më mjaftoi ajo foto për ti pohuar vetes se aty në oborrin e gjyshes brenda shtëpisë së gurtë kjo vlerë trashëgimnie mundet të jetojë më shumë se ne.

E vendosa në kornizë që tja tregoj jo vetëm vetes atë moment që ka aq shumë botë brenda, por përsëri m'u duk se janë ca si ngushtë aty.

Ndoshta një pikturë do dijë ti mbajë më bukur brenda edhe momentin fotografik edhe objektet e saj.

Nuk janë objekte, por relike aq shumë ë dashura ku çdo gur

avllije, degëz peme, bari i njomë që vesh oborrin e gjyshes ku vendoset Marjana, më saktë gruaja me qashë pasi në këtë rast Marjana nuk ka asnjë rëndësi mbi telajon ku e tërë kjo histori u derdh aq bukur në vaj e karnavac prej duarve të piktorit Hysni Loka. Bota e Marjanës mbeti përjetësisht mbi atë pikturë për të cilën më bukur se fjala flasin ngjyrat e derdhura plot mjeshtëri.

Por duhet thënë që piktori i qëndroi plotësisht besnik fotografisë duke e sjellë atë copëz realiteti të gjallë të sotmes dhe të nesërmes.

Piktura udhëtoi me mua në nëntor të vitit 2022 nga Tirana në New York dhe i gëzoi aq shumë prindërit e mi, ndërsa rri varur shumë pranë qoshes së tyre duke ju sjellë kështu në New York të largët: ajrin që veç vendi yt ta sjell, Zerqanin,, oborrin, ku "lulëzon" në çdo stinë ky kostum i stërlashtë plot ngjyra e art.

Ndodh që piktura të jetë frymëzuar nga një fotografi por që ajo ti rezistojë kohës duhet të mbartë një histori apo minimalisht ti kontribojë sadopak asaj.

Marjana Bulku

180

Emri im nuk është Marjuana!

Emigrantët mund të konsiderohen si një barometër tranzicionesh dhe krizash rajonale e që pavarësisht kësaj transportojnë ngado me vete kulturën e vendit nga vijnë që me edukim e kultivim, festa e promocion e mbajnë gjallë sa munden.

Edukimi në vendet pritëse shndrrohet në një mundësi më shumë në pafundësinë e sfidave ku ruajtja e indentitetit çmohet dhe vlerësohet pasi pa asnjë dyshim kultura mbetet aseti i patundshëm dhe një pasuri shpirtërore e pazëvendësueshme.

Po çfarë po ndodh me këtë trashëgimni prej gjuhe e normash, kodesh nderi e bese, mikpritje e vyrtytesh që ishin amanet brezash në botën globale që vrapon?!

Sa vlejnë këto të fundit kur shtetet amë përfshihen në amoralitet e korrupsion, shthurje e skandale qeveritare a thua se ky është misioni i tyre që t'ua nxijnë jetën dhe emrin qytetarëve të vet!

Po mbushen pothuaj 11 vjet që edhe unë iu turra Amerikës si shumë të tjerë dhe si çdokush që kthen kokën pas, zikzakeve të emigrimit gjen aty dilemat ekzistenciale të qënies.

Qysh në ditët e para kur vendosëm të jemi rezident këtu u desh të përballemi me mjaft vështirësi ku sidomos ato natyrore të tmerrojnë edhe ti mendosh e le më pastaj ti përjetosh.

Është e frikshme të ndjekësh se si reagon një popullsi kaq e madhe kur ndeshet me ciklone të ftohti, përmbytje, tërmete, pandemi...mjafton të kujtosh marketet e boshatisur dhe lakminë e pangopshme të popullatës për ushqim dhe nevoja të tjera po kaq utilitare.

Krizat sistematike globale duket se i kanë shnderruar popullatat në robër të fatkeqsive ku autor është jo vetëm natyra por edhe qeveritë përkatëse.

Emigrimet masive janë një tjetër fatkeqsi po aq sa ato natyrore sepse vendet amë po zbrazen nga vullnete, projekte energji e ndërkohë qeverisjet e padrejta majmen kur popujt tkurren, robërohen, nënshtrohen.

"Mos ikni!" thoja gjithmonë kur kthehesha në atdhe, atje ku tokat e begata dergjeshin djerr nga dembelizmi, pavullneti, paimagjinata, etj etj.

Ishte një thirrje e sinqertë që buronte nga shpirti që patriotizmin dhe atdhedashurinë e ndjen edhe më fort kur është larg vendit amë.

Kinezët që nuk lejnë kanaçe e pëllëmbë dheu pa mbjellë me barishte e gjeth më bënin të kuptoj se një krizë e fortë po vjen, do vijë, është në proçes ardhjeje...

Filipinasit aq fort të lidhur me njëri-tjetrin ndajnë edhe kafshatën e fundit mes tyre.

Haitianët të egër në fytyrë e të pangopur me të drejtën e me gjithçka dhe që aq pak dijnë të jenë të drejtë me veten dhe me të tjerët.

Ukraninasit dhe vargu i gjatë i paradokseve që prodhon lufta e superfuqive që forcën e mat me të dobtin duke ia venitur çdo lloj mundësie deri në mohim ekzistencën atyre nga etja e vet e pa fre për fuqi.

Lutje sirianësh, zvarritje meksikanësh ...kjo tablo metropolitane që flet pak e nënkupton shumë.

Por kjo është vetëm paksa nga ajo tërësi kulturash që emigrantët mbartin sepse kultura deri diku është aset i qëndrueshëm i asaj çka ata marrin me vete ndërsa problematikat e jetës së tyre janë një tjetër mbivendosje që e bëjnë shumëdimensionale problematikën që mbështjell jetët njerëzore në kontinentin e ri ku turren të rinisin një jetë të re me plagë të vjetra.

Kultura bëhet kështu identiteti përmes të cilës përshfaqet individi në mjedisin fluid amerikan.

Kur përmendet Shqipëria shumëkujt i vjen në mendje besa, mikpritja, trimëria, dikujt tjetër diktatori Hoxha, demokracia e brishtë, pastaj mafia, droga dhe gjëra si këto metastaza të së keqes.

Kohët e fundit sapo përmend se je shqiptar hapen biseda të pakëndëshme për drogë e marjuanë edhe pse stendave të metropolit më të madh të botës ndriçon një shqiptare brilante si Ermonela Jaho por mesa duket muzika është luksi i fundit që i nevojitet shpirtit njerëzor fatkeqsisht.

Është e pamundur të kuptosh apo paragjykosh universin njerëzor brenda konglomeratit që prodhon droga brenda dhe jasht qënies që i nënshtrohet këtij fenomeni që vret jetën pak e nga pak, duke i vrarë vullnetin për punë dhe duke i injektuar pangopshmërinë për pasurimin e rrufeshëm. Por është një gjë që dihet me siguri: fatkeqsia se ky fenomen stigmatizon edhe individin e ndershëm, të shkolluar dhe kultivuar përmes dijes dhe punës së ndershme ndaj dhe irritimi i kësaj shtrese që besoj është mazhoritare në arenën shqiptare duhet të jetë edhe kurimi i dramës së shekullit të ri ku puna e ndershme zhvleftësohet, shkollimi nënvleftësohet dhe paraja e ndotur ndot një shoqëri të të tërë, këtë fajtore të pafaj.

Kaq shumë lakohet droga, mafia, korrupsioni kur përmenden shqiptarët sa pothuaj është harruar Besa, bujaria, mikpritja, tipare këto qé i dallonin shqiptarët një dekadë më parë dhe që ishin burim legjitim i krenarisë tonë etnike.

Irritohuni qytetarë sa herë që ua përçudnojnë nderin, krenarinë, truallin dhe pasurinë, atë shpirtrore dhe materiale.

Irritohuni sa herë që ju stigmatizojnë për turpe që ideohen dhe fabrikohen zyrave, skutave, errësirave duke hedhur hije faji mbi gjithkënd.

Irritohuni kur jua mbysin fjalën dhe lirinë.

Irritohuni kur ju thonë se nuk jetohet me punë të ndershme.

Irritohuni sa herë që kultivohet droga në vend të besës, vyrtyteve, dijes.

Irritohuni sa herë që ua nxijnë jetën dhe emrin.

Irritohem kur më thirrin Marjuana.

Emri in nuk është Marjuanë.

Më duhet ta përsëris shpesh kur me shaka ose jo thirrem ndoshta sepse lajmet për shqiptaret lidhen kaq shumë me drogë e marjuanë, vrasje e korrupsion.

Edhe pse janë shkruar aq shumë histori shqiptare ku e mira prevalon mbi të keqen lajmi i ditës është kronika e ikjes, e dhunës, ajo e nënshtrimit të së drejtës, kaosit politik, korrupsionit qeveritar, eleminimit të pluralizmit, mohimit të lirive esenciale.

Vargu i pafund i ikjeve është varg zhgënjimesh dhe dështimesh politikanësh që luajnë pimpong me ëndrrat e pashpresa të shqiptarëve.

E megjithëse ikin stigma nuk ju ndahet, i ndjek dhe i përndjek si mallkim i stërlashtë që shkel mbi amanete të parësh.

Nuk e shaj dot Amerikën, atdheun e bijve që atdheu i vet i la pa atdhe, as nuk e lavdëroj dot sepse e dua por ndjej se sa e pafuqishme është ajo për të zgjidhur hallet e globit që mbart brenda territoreve të veta duke i bërë qytetarë të saj me të drejta e liri që përtej oqeanesh, nëpër kontinentet e vjetër ku rigjenerojnë sërish ëndrrat e vjetra e dhunohen qytetarë e ku e drejta e të drejtëve as që mendohet të jetëzohet ende edhe pse prej shekujsh ëndërrohet.

Marjana Bulku
New York

HOMAZH POETIK
Për nder të Poetëve Martir që për Fjalën
e Lirë rrezikuan Lirinë dhe Jetën
23 prill: Dita Botërore e Librit

Kur bota ish në gjumë dy të rinj edhe pse ëndërronin të ishin mësues nuk mund të bëheshin të tillë për shkak të bindjeve nacionaliste të parardhësve të tyre.

Bota ish në gjumë kur në një qytet të vogël por m'u në zemër të Europës së kësaj bote dy të rinj përndiqeshin vetëm pse mësonin frengjisht në mënyrë autodidagte dhe lexonin letërsi.

Kur bota ish në gjumë dy të rinj në kulmin e ëndrrave të tyre për jetën dënohen, pastaj burgosen e më pas pushkatohen sepse ishin të zgjuar, të drejtpërdrejtë, shkruanin poezi hermetike, simboliste, ëndërronin liri në kohën kur edhe ëndrrat ishin të ndaluara.

Bota ish në gjumë kur bashkë me dy të rinjtë u varros edhe poezia e tyre realiste sepse ajo nuk i këndonte fitoreve imagjinare por realitetit të dhimbshëm.

Bota ish në gjumë, po po, se përndryshe kjo marrëzi nuk duhej të ndodhte.

Ishte gjumi i gjatë i letargjisë moniste.

Ishte letargjia që paralizonte intelektualizmin, të vërtetat vrastare që regjimet totalitare prodhojnë.

Është kaq tragjike që gjumi i heshtjes nuk e ndalon dot

marrëzinë e shkrepjes së armës duke këputur në mes dy jetë, miliona ëndrra.

Duket se absurdi nuk ka limit në vendet ku fuqia e padrejtësisë nuk ka cak.

Kur bota ish në gjumë, në terrin e natës, dy të rinjtë pushkatohen përkrah njëri-tjetrit pa varr, në vetminë e netëve të territ të egër e të gjatë diktatorial...

Përse bota është në gjumë dhe hesht kur zinxhiri i padrejtësive mbyste pikërisht të diturit të pafajshmit, idealistët duke kërcënuar të brishtat liri prej të cilave lindin mirësi?!

Ne nuk pretendojmë që zgjimi të vijë nga kjo sallë e vogël e errët, por përmes lutjeve poetike ne të paktën mundemi të sjellim mes nesh pafajësinë e dy shpirtrave poetikë që koha e padrejtë ua burgosi mendimin dhe ua ndërpreu padrejtësisht jetën e më pas i shpalli Martirë të Demokracisë sepse i tillë ishte vargu i tyre: narrativë e një sistemi mëkatar që nuk duhet të përsëritet më.

Ka kaq shumë Hënë e yje në poezinë e tyre që pa frikë është drita e pashtershme që buron nga tharmi poetik që herë i ngjan qiriut që fiket e herë vullkanit që paralajmëron apokalipse.

Ndaj poetët nuk duhen neglizhuar, as harruar e kurrë jo vrarë, ky moment i risjelljes së vargut si kujtesë e homazh le të shërbejë si ndjesë e një ndjese që nuk ndodhi kurrë.

Si lexim i një vepre të zhvarrosur por jo të shfarosur.

Imagjinoni për një moment sikur e tërë kjo salle prej profesionistësh ti kundërvihej dikujt pse shkruan poezi, pse është i drejtpërdrejtë, pse mëson gjuhë të huaja, ç'tragjizëm i dyanshëm dhe çfarë gjygji apsurd do të ish!

Por kjo nuk duhet të ndodhi!

Mos ndodhtë kurrë më.

Mes miqve të panumërt
të Diellit dhe Vatrës

Ato u krijuan për ti dhënë frymë jete njëra-tjetrës, Dielli Vatrës dhe anasjelltas.

Kjo filozofi jetëzimi duket se është edhe çelësi i jetgjatësisë së të dyjave.

Me dritëhije dhe uljengritje, me kundërshtarë të rreptë e dashamirës të zjarrtë, me editorë mendjendritur dhe mendimtarë të mprehtë të pendës, me profesionistë dhe amatorë, Dielli mbetet gazeta më jetëgjate shqip në shtypin shqiptar të çdo kohe.

Përvjetorët e Diellit janë një shans më shumë për të eksploruar në rrugëtimin e tij që shumë prej stafit editiorialist ta bëjnë të lehtë pasi historiku i Diellit dhe Vatrës për fat të mirë flasin me akte, vepra e fjalë çka e përjetësuan historikun e një enciklopedije mediatike në emigrim.

Kontaktet e mia të para me Diellin dhe vatrën datojnë vonë dhe i përkasin një zinxhiri miqësor të cilin unë nuk kam dashur ta këpus kurrë, përkundrazi e kam pasuruar me hallka të tjera, të ndritëshme pasi vetëm kështu ruhet dhe trashëgohet ekzistenca.

Nga promovimet, tek shkrimet, intervistat me editor tek vizitat aty, refleksione, referime, orientime për kah Diell si një

187

burim që mban gjallë Vatrën por edhe mendimin dhe veprimin intelektual shqiptar kudo ai gjallon.

Një pasuri që jetën e merr nga ne, nga vullneti i akteve që vitalizojnë energjitë krijuese në arenën shqiptare është borxhi ynë ndaj etërve që e krijuan.

Sa herë që kujtohet Dielli në mendje na vijnë Noli e Konica, por edhe Repishti e Zhiti, dhe një plejadë e tërë mendjesh aktive në veprim, inspirimi ynë i vazhdueshëm që fjalës ti japim gjithmonë në lirinë që i takon.

Gëzuar gazetës Dielli, qofsh përherë Diell mendimi dhe frymëzim për ardhmërinë.

Një jetë...disa histori
Jeta e një komuniteti në ekran

Albanian Culture TV është një ndër ekranet më të vjetra të Diasporës shqiptaro-amerikane me qendër në New York, SHBA. Transmetimet e para të këtij televizioni datojnë në nëntor të vitit 1997, pra natyrshëm lidhen ngushtë me një moment delikat që kalonte Shqipëria e asaj kohe e cila në të shumtën e rasteve është një përmendore e vërtetë atdhedashurie për shqiptarët e Amerikës. Bashkëthemeluesit e këtij televizioni Adem dhe Mimoza Belliu e kanë trashëguar këtë kontribut me vlerë edhe tek fëmijët e tyre Gertolt dhe Vera Belliu. Një kombinim i përkryer brezash por edhe njohurish dhe kompetencash çka e bën këtë ekran të pranueshëm për të gjithë ata që gjuhën, traditën, personalitetet dhe veprimtaritë e komunitetit duan ti ndjekin dhe përçojnë ndër brezat dhe familjeve të tyre.

Kontaktet e mia me Albanian Culture TV janë pothuajse 7-vjeçare. Një udhëtim që iu bashkangjit jetës së këtij televizioni nëpërmjet emisionit "Një jetë...disa Histori".

Duke qenë një banore e re e komunitetit shqiptaro-amerikan shumë nga tiparet e këtij komuniteti i shikoja me sy admirues, krahasues, vlerësues, çka u bë më pas frymëzim në ecurinë e ciklit "Një jetë...disa histori".

189

Në New York vihej re dukshëm bujaria shqiptare, ambicjet për të ndërtuar prona e biznese karrierë dhe art në shtetin që t'i krijon mundësitë. Veprimtaritë patriotike për nder të festave kombëtare ishin nevojë e domosdoshme dhe jo sforcim pasi tek shumë të emigruar nga atdheu i para viteve 90-të, dashuria dhe malli për të janë edhe dhimbje gjithashtu, për arsyje që tashmë dihen por edhe nuk duhen harruar. E kisha të pamundur të rrija indiferente ndaj iniciativave individuale dhe kolektive të cilat kanë në thelb solidaritetin dhe ndihmën ndaj dikujt që ka nevojë. Fenomeni i mbajtjes gjallë të gjuhës shqipe në diasporën amerikane i ka rrënjët thellë në brezat e parë që emigruan këtu, ata që edhe pse u adaptuan plotësisht me jetën amerikane e ndjenë se sa rol, peshë dhe rëndësi ka gjuha jonë si simbol përbashkues.

"Një jetë...disa histori" nisi ti jepte jetë asaj studio televizive duke e sjellë "ajkën" aktive komunitare në një tryezë mendimesh, veprimesh dhe problematikash.

Historitë e shqiptarëve të thjeshtë vinin në studio të rrëfyera thjesht, pa truke artistike, por me gjuhën e të vërtetës dhe disa prej tyre janë të denja për kinematografi, dokumentarë dhe libra.

"Një jetë...disa histori" po bëhej një portë pritëse edhe e shqiptarëve të shumtë që vizitonin Amerikën dhe promovonin atdheun këtu përmes librash, koncertesh, eventesh dhe ku natyrshëm televizioni mbetet një mjet i cili i memorizon në mënyrë të përsosur këto akte me vlera te ndersjella andej dhe ketej oqeanit.

"Një jetë...disa histori" po sillte në ekran personazhe të reja, artistë, shkrimtarë, studjues, mendimtarë, profesionistë të cilët me veprimet e tyre e bënë edhe më shumë dinamike jetën e komunitetit të vjetër shqiptaro-amerikan, duke prezantuar në këtë mënyrë të renë e gjallë që i jep jetë bërthamës shqiptare në Amerikë dhe po ashtu merr jetë prej saj.

Federata Pan-Shqiptare e Amerikës Vatra ishtë fondamentale në arkivin e këtij televizioni dhe po e tillë do të mbetej edhe për mua, madje shumë herë jam shprehur se ky ekran është: "vatër e Vatrës dhe e çdo shqiptari qëllim mirë dhe akt bukur".

Motrat Qiriazi gjithashtu u bënë pjesë e vëmendjes por edhe admirimit tim për faktin e cilësisë së përmbajtjes së eventeve por edhe të jetgjatësisë që i ka bërë edhe më vitale këto vajza; motra e nëna kaq prezente në jetën e këtij komuniteti.

Një televizion shqiptar në Amerikë mundet të shndërrohet në një universitet ku traditën, gjuhën, individualitetet i transmeton çdo ditë si një program i fuqishem edhe informacioni por edhe patriotizmi kaq i domosdoshëm në ditët tona.

Është një rast unik për të kuptuar se sa e rëndësishme është prezenca e komuniteteve aktive, individëve të gjallë e vitalë, individualiteteve me vlera të cilat janë lënda e parë e ekranit duke sendërtuar kështu një marrdhënie jetike që jep dhe merr dhe që vërteton formulën se komunitetet aktive i bëjnë më të gjalla ekranet e diasporës.

E ndoshta kjo është edhe arsyeja pse Personazhet e "Një jetë…disa histori" linin gjurmë në shënimet e mia, me botën e tyre të gjërë të mendimit por edhe të spontanitetit, me dinamizmin e prurjeve, me gjuhën e zhdërvjellët të shqipes së përbashkët e cila në ekran është si ajo derrasa ku mësuesi i mirë shkruan dhe shpjegon çka din por me një metodë që është unike dhe të tillë e bën magjia e ekranit dhe kapaciteti intelektual i personazheve plus esencialiteti pyetesor.

"Një jetë…disa histori" në mënyrë sistematike solli në ekran protagonizmin e fëmijëve që mësojnë të flasin shqip duke ndjekur shkollat shqipe këtu, televizionet apo edhe veprimtaritë e komunitetet, e ku disa e mesojne thjesht nga prezenca e gjysherve ne rritjen e tyre, madje fëmijët në studjon e ACTV me shqipen e folur me vështirësi por vullnetplotë për ta përsosur kanë sjellë emocionet më të bukura e te paharrueshme në atë studio që duket se merr jetë pas çdo të ftuari, pas çdo bisedë.

Televizioni Kultura Shqiptare e ka zgjeruar spektrin e vet në këto vite duke sjellë në ekran për shikuesit e vet edhe Pasqyrën Shqiptare të Kanadasë, edhe Diaspora debaton të Beqir Sinës, edhe kronikat e larmishme nga Kosova dhe Tirana. Sepse ekrani i tillë duhet të jetë në fund të fundit; i të gjithëve që dijnë ti sjellin dritën e realitetit që jetojmë kur vullnetet dhe egoizmi nuk na pengon, përkundrazi na nxit ta shohim edhe më mirë jetën dhe motivet që i japin kuptim asaj.

Marjana Bulku
maj 2020

Projeksione letrare

Tërësia e platformave sociale online ka ndikuar shumëdimensionalisht në proçeset e sotme letrare. Duke e parë letërsinë si profesion dhe angazhim apo shumë më tepër se kaq, mendoj se ajo është një fushë mundësish të pafundme nëse shfrytëzohet racionalisht. Është kjo arsyeja që në fund të këtij botimi vendosa ti lë pak hapësirë letërsisë.

Unë jam diplomuar për letërsi, e kam dashur atë dhe e kam ushtruar si profesion për 16 vjet ndaj nuk është çudi që edhe në platformat sociale të ia mundësoj vetes lëvrimin e saj pa tepri e modesisht.

Letërsia është liri intelektuale që na mundëson të jemi krijues ndaj kjo "portë e hapur" është pa dyshim shteg i krijimtarisë time të mëtutjetshme.

Jo rrallë herë letërsinë e konceptoj si emocion i endur mes fjalësh. Kur ato rrjedhin prej një botëze emocionesh e transmetojnë atë si të tillë. Kjo e bën autentike dhe jo kurrë indentike me një tjetër fjalën, mendimin, vargun. Kjo më ka udhëhequr sistematikisht në çdo aktkrijim mendimi.

Letërsia si përjetim i fal krijimtarisë ngjyra bio, reale, duke e afruar këtë lloj krijimi me të përditëshmen tonë. Nuk ka akt më të bukur sesa aprovimi i lexuesve të cilët e përthithin tekstin pasi ndjehen tërësisht pjesë e kontekstit.

Letërsia si eksperiencë është mishërim i tërësisë së

komponenteve që e bëjnë atë jetëgjatë, të pëlqyeshme dhe pjesë integrale e kolanave të kohës. Dhe kjo lidhet ngushtë me cilësitë që autorët shpalosin në përdorimin e këtij arti të veçantë fjalësh.

Letërsia sipas meje duke qenë angazhim është edhe reflektim. Një reflektim sa i brendshëm po aq edhe i jashtëm e që lidhet ngushtë me momentin e krijimit dhe terësinë e ngjyrave kohore dhe përmbajtësore përreth tij. Kjo nuk e bën të përkohëshme vlerën e letërsisë, përkundrazi i fal asaj dimensione që shkojnë përtej momentit dhe mesazheve universale.

E si për ti ilustruar çka u përmend më sipër po e përmbyll këtë publikim me dy krijime, njëra në poezi me titullin " Marathonë rrëfimesh"dhe tjetra në prozë që unë e konsideroj si një monodramë, monologues që dua ta ve në skenë.

"30 gonxhe të vyshkura"

Që të dyja janë shtigje për akte të tjera krijimtarie.

Ju falemnderit!

Maratonë rrëfimesh

...Ka metrazh të gjatë,
kilometra udhëtimesh, lotësh, përjetimesh.
Valixhe kujtimesh,
tonelata përqafimesh, pritjesh, ikjesh, përmallimesh.
Në portat që kyçen, filmi i jetëve nis ...
ekran janë dyert e plasaritura prej vitesh
ku ikjet
numërohen
nga miliona sy të përlotur pritjesh.
Ka personazhe të njohur,
të panjohur
ky i jetës film.
Portrete që puthen, teksa ndahen
fytyra që ndahen teksa puthen,
duar që shtrëngohen.
Zëra të mekur premtojnë kthime imagjinare
ky film ka si tharm jete mirnjohjen.
Nuk e kam parë ende të jetës film.
Një skenar që troket thellë në shpirt
e udhëkryqet ku nyjëzohen fatet njerëzore ndjek
si një zinxhir që pa hallkat e veta nuk ekziston
e ku çdo hallkë ka " diamantin "e vet.
Ka metrazh të gjatë filmi i jetës
qysh kur jeta zë fill
nëpër fillin e jetës që nuk soset
nëpër maratona pafund rrëfimesh.

Marjana Bulku.

Monologu i saj
30 gonxhet e vyshkura

...Varrin tënd askush nuk e din. Askush nuk jetoi në 30 vitet e tua larg prej errësirës tonë, pa ëndrra, pa dritë, pa shpresë, në izolim, pafundësisht larg prej ëndrrave të tua plot kthim, pa kthim...

30 vitet tona qenë kaq larg prej dëshirave të tua të pamundura, të panjohura me mijëra kilometra e aq shumë hone distancash ndërmjet.

***

Sot vendosa ti mbjell këto 30 gonxhe të vyshkura që nuk çelën dot kurrë as në jetën tënde, as në jetën time. Mbase lulëzojnë dikur prej lotëve të mallit dhe djersëve të mundimit.

***

Ecje, nën efekt muzikor

Janë gonxhet e fjalëve që nuk u shkëmbyen kurrë, janë urime të munguara ditlindjesh, festash, gëzimesh.

Janë ngushëllime për humbjet që janë gjithmonë përkrah hapave të jetës edhe pse s'do të donim ti kishim.

Ngrihesh në këmbë, rrëfehesh

I kam mbajtur fshehur edhe lotët, edhe fjalët, edhe mallin.
U vyshkën të gjitha në vetminë e viteve, në ëndërrim të një takimi që nuk ndodhi kurrë, madje as në ëndërr.

***

Pauzë muzikore

Unë isha nëna por edhe baba për fëmijët tanë por ka një gjë që nuk di nëse e kam bërë siç duhet për të dy: t'ju kem dhuruar mjaftueshëm dashuri. A kam mundur t'ju fal dashuri vallë?!

***

Ahhh dashuri! Po si?! Po ku?
Në vendin ku askush nuk ta dhuron atë?!
Në vendin ku shumkush e dhunon atë.
Atje ku koha nuk mjaftonte kurrë për dashuri sepse ditët ishin aq të mundimshme, të vrullshme dhe nata vinte aq shpejt dhe gjumi të rrëmbente kur dita ishte e stërmundimshme, si çdo ditë tjetër, identike me të.
Gjumi na i kurseu edhe ëndrrat sepse dita ishte aq e varfër si një menu boshe që për mëngjes kishte pak bukë, për drekë ka pak kripë dhe për darkë ka pak zemër.

***

Sa pak ëndërruam…sa pak.

***

Pauzë muzikore (ndërron shallin)

Eh jeta në kohët kur bukuria trupore ti çel dyert e fatit s'ishte veçse një portë që nuk u çel kurrë.
Mbase për mendimtarët e ngarkuar me mundime ajo lloj

porte fati nuk ka ekzistuar kurrë.

E hedh tej shallin

Por unë nuk kam trokitur kurrë aty sepse e dija se bukuritë fizike janë aq të përkohëshme e të pakoha ndaj vetes i kërkova vetëm një gjë: vepra të dobishme, utilitare, si fryma që i jepte frymë jetëve të pafaj që lypin jetë.

Afrohesh e prek shallin me lule

...Dhe nisa të kuptoj se bukuritë e shpirtit dhe të veprave tona nuk shterojnë kurrë porsi burimet e gurrave shumshekullore që janë edhe burim jete, edhe sekret i heshtur i vazhdimësisë së saj.

Ikjet ahhh. Kur ai iku, ikja mbeti porsi mjergulla që fsheh bukuri, shëmti, diell, bukuri.

Iku...Asnjë fjalë, Asnjë përqafim, as porosi.

Jo se nuk kishte por nuk mundej të artikulonte atë fjalë të ndaluar me përmbajtje ikjeje.

Mali i murrmë është po aty. Atje gjarpëron udha e ikjes që duket dhe zhduket nga gjethet e bukura që gjelbërojnë, zverdhojnë, murmen, bien...

S'mbaj mend se ç'ngjyrë kishin gjethet atë ditë por mali i murmë ishte dëshmi vjeshte.

Përtej atij mali të murmë gjurmët e ikjes u shndërruan në shpresa kthimi, ndaj sytë mbetën gjithmonë aty.

Mjergulla e ikjes veshi vitet tona me drita pritje, vranësira zhgënjimesh, shi e rrebeshe malli, dhimbjeje, vuajtje shpresë.

***

Oh sa shumë pranvera, sa shumë sy fëmijësh që qeshin e gazmojnë, i pashë, i preka, i ndjeva.

Ndërsa ti nuk munde.

Apo mos ndoshta i ndjen tani?!

A i dëgjon se si thërrasin?!

Apo mos ndofta është veçse jehonë e shpirtit?!

A i sheh?!
Apo është veçse iluzion dëshirash?!

***

Sytë po më lënë por jo këmbët,
Mendja po më lë por jo kujtesa,
Këmbët do të më lënë e megjithatë imagjinata do të më
shpieri gjithmonë tek ti, edhe pse as varrin nuk ta dij por këto
gonxhe të vyshkura janë mirazhi i një imazhi që nuk u shfaq
kurrë e do të rendin udhës qiellore për tek ti.
Këto gonxhe të vyshkura janë 30 përqafime të munguara e
që u thanë viteve të pritjes të një kthimi që nuk ndodhi kurrë.

***

Sytë po më lënë, apo gonxhet e vyshkura po lulzojnë?!
Jo jo nuk është vegim, është veçse një përfytyrim i filmit
të jetës që teksa mbaron më zgjon t'ja përsëris fjalët, ato të
përjetimit.
Dielli lindi prap, përtej po atij mali të murrmë…kur ike ti
ishte i murrmë por sot…ah jo jo qenka i gjelbërt…
Po ndjej gjurmë hapash…
Ku janë gonxhet e thara?!
Ah po…një, dy, dhjetë, njëzet e pesë, 30.
30 vjetët pa ty,
30 gonxhe të vyshkura…
Ato po lulzojnë po, po, po lulzojnë prej diellit të kujtimeve
të mia, tonat, tuajat.

Marjana Bulku
2023

199